БИОГРАФИЯ

Narciso Quintas родился 27 апреля в Уамбо, Ангола. Более 8 лет он работал общественным деятелем в Национальной ассоциации инвалидов Анголы.

Он имеет степень бакалавра социальных коммуникаций факультета социальных наук Университета Агостиньо Нето «UAN», генерального директора **PROMANGOLA.**
Сертификат по музыке - категория "Коралловая гармония"
Сертификат в области предпринимательства
Сертификат в области информатики
Сертификат по технике публичных выступлений
Сертификат в области управления контентом
Сертификат в понятиях Африки

В настоящее время проживает в Луанде - Ангола.

КАК АФРИКАНСКИЕ МУЖЧИНЫ УДОВЛЕТВОРЯЮТ ЖЕНЩИН

Copyright © **Narciso Quintas**
Заголовок: **"Как африканские мужчины удовлетворяют женщин"**
Подзаголовок: **Секс как культура в Африке**
Автор: **Narciso Quintas**
Обзор: **Narciso Quintas** and **Leontina Manuela**
Edition: **Narciso Quintas**
Обложка: **PROMANGOLA**
Пагинация и иллюстрация: **PROMANGOLA**
Обложка: **PROMANGOLA**
1-е издание: декабрь 2021 г.
Все права принадлежат издателю: **PROMANGOLA**

Воспроизведение данной работы без предварительного разрешения автора строго запрещено

"Настаивайте на том, во что вы верите"
N.Q

НДЭКС

Глава I
Что такое секс?
  - Секс в глазах Бога
  - Секс в человеческом видении
  - 10 преимуществ секса для здоровья
  - Среднее время хороших сексуальных отношений

Глава II
Секс как культура в Африке
  - Кения
  - Малави
  - Мозамбик
  - горький опыт
  - Это было как нарушение
  - Поиск мирного решения
 - Кутчинга, заброшенная практика
  - Обрезание
  - Обрезание для африканцев
  - Коста-ду-Марфим
  - Ангола

Глава III
Африканское мужское сопротивление
  - Маруву
  - Катрунгугу
  - Рейтинг стран с самыми большими мужественными членами
  - Любопытство об оргазме
  - Мастурбация

Глава IV
Проблемы и естественные решения, которые помогают поддерживать активность африканских мужчин
 - Рак простаты
 - Афродизиаки, которые помогают в сексуальной ревитализации
 - Натуральные стимуляторы, используемые мужчинами и женщинами в Африке

Глава V
Чудеса Моринги
 - Как использовать морингу

Глава VI
Секс как фактор тщеславия
 - Полигамия с социологической точки зрения
 - Полигамия с библейской точки зрения
 - Полигамия на месте в Ветхом Завете

Глава VII
Полигамные реакции среди африканских женщин и мужчин
 - Курьезы
 - Женские реакции на полигамию
 - Причины и последствия полигамии
 - Правовой контекст полигамии в Анголе
 - Феномен в Африке
 - В мире больше женщин, чем мужчин
 - Полигамия в Анголе?
 - Размышления о полигамии

Глава VIII
Совет как лучше
 - Секс и Библия
 - Что ты знаешь о сексе?

- Удовольствие от секса
- Сила секса
- Цель секса
- 1. Семья
- 2. Брак
- 3. Доставить удовольствие супругу
- Половая безнравственность (porneia)
- Последствия незаконного секса
- Где начинается половой грех?
- Греховное половое влечение (асельгея)
- вечные последствия
- Сожалеть
- Божья воля
- Лучший путь
- Секс, благословленный Богом

ПРЕДИСЛОВИЕ

Написать предисловие к книге сложно! Речь идет о знакомстве с произведением в его полной версии, полной мечтаний, до того, как оно будет показано миру. Я обычно пишу презентации и предисловия к работам, выполненным близкими мне людьми, к моему направлению исследований, к моим исследованиям, к моей академической вселенной. Я всегда очень доволен тем отличием, которое они мне дают, для меня большая честь иметь возможность сделать это и иметь возможность участвовать в этом уникальном моменте производства, социализации текста, произведения, которое всегда является осуществлением мечты, аффективной интенциональности, которая фактически является субстратом каждого писателя, равно как и любого письменного произведения. Писать — это отдавать себя миру, раскрывать себя людям, обществу, оставляя след из подсказок о том, что ты любишь, о чем думаешь и во что веришь, о жизни, истории, мире, искусстве, наконец, любви, страдании, культуре, среди многих других измерений. Я всегда считаю тех, кто пишет, и тех, кто доносит то, что они пишут, до общества в целом мужественными в произведении, которое всегда раскрывает его автора, или его авторов, или главных героев, их шаги и несоответствия, их намерения и цели.

Я получил приглашение от Нарсисо Квинтаса предисловие к его книге, я прочитал отчеты и наслаждался фотографиями и интерпретациями, которые автор делает в этой работе, в которой подробно рассказывается о вэйлансах и сексе как части африканских реалий, в лучшую и худшую сторону. причины . Это не академическая книга, в строгом смысле этого слова, и даже не любовная книга, просто! Это книга фактов, размышлений, обдуманных мнений, концепций и впечатлений, подчеркнутых автором во время вождения.

Рекомендую всем исследователям, педагогам, преподавателям, студентам, правозащитникам, вообще широкой публике!.

Состояние человека всегда удивительно и инновационно. Каждый человек нуждается в развитии своих навыков в различных сферах своей жизни, и когда дело доходит до секса, мы все всегда хотим новшеств и сюрпризов. В этой работе автор представляет несколько афродизиаков, лежащих в основе эффективности африканских мужчин в удовлетворении своих партнерш.

Заранее благодарю автора за приглашение, приглашаю всех читателей отправиться в это путешествие, которое непременно изменит вашу сексуальность и поможет сохранить несколько браков.

Пер;
Др. **Arsenio Mendonça**

ВВЕДЕНИЕ

Эта книга написана с точки зрения передачи или обмена опытом, который африканские мужчины ежедневно переживают со своими сексуальными партнерами. Поскольку никогда не поздно учиться, мы понимаем, что эта работа может служить поддержкой для некоторых пар (в частности, мужчин), которые хотят улучшить свою сексуальную жизнь, избегая разочарования в удовольствии от акта. Неважно, откуда мы пришли, кем мы являемся или кем мы себя считаем, когда дело доходит до секса, мы лишаем себя всего нашего статуса и сводим себя к нулю, как хищник, преследующий свою добычу.

Иногда мы чувствуем, что наша мужественность ущемляется из-за того, что мы не обращаем внимания на определенные детали, которые имеют прямое влияние на нашу сексуальную жизнь. Почти каждый мужчина, ведущий активную или полуактивную половую жизнь, уже прошел через момент потери авторитета с точки зрения сексуальной потенции.

В этой книге мы представим несколько глав, которые помогут вам улучшить и разобраться с мнениями и ожиданиями, связанными с опытом африканских мужчин, которые добиваются успеха в своей сексуальной жизни, используя основные этические методы и натуральные добавки из африканских лесов.

ГЛАВА I

ЧТО ТАКОЕ СЕКС?

СЕКС В БОЖЬЕМ ВИДЕНИИ

Секс был создан Богом. Идея Бога состояла в том, чтобы создать людей мужчинами и женщинами и объединить их посредством секса (Бытие 2:24). И мужчины, и женщины были созданы с сексуальным желанием. Секс хорош. Секс был частью Божьего творения (Бытие 1:31). Секс был создан, чтобы доставлять удовольствие и удовлетворение (Песнь 4:10). И мужчинам, и женщинам дан дар испытывать удовольствие и радость в браке. Это обогащает и углубляет любовные отношения между парой. Однако в некоторых культурах от женщин не ожидают удовольствия от секса. Секс был создан для брака.

Божья цель для людей состоит в том, чтобы мужчины и женщины жили в верных, постоянных и ответственных отношениях на протяжении всей жизни. Эти условия выполняются в контексте брака. Именно в нем Бог благословляет и одобряет этот союз. В Бытие 1:28 повеление «размножайтесь, наполняйте землю» исполняется через половой акт. * Что наше общество говорит о сексе? Как этот отрывок бросает вызов этим убеждениям? * Какие сообщения церковь дает людям о сексе? К сожалению, люди не всегда решают следовать Божьему плану.

В нашем разбитом мире существует множество проблем, таких как инфекции, передающиеся половым путем (ИППП), сексуальное насилие, разрушенные (разлученные) семьи и нездоровые отношения. Церковь не должна прятаться от этой реальности. Ваша обязанность — быть солью и светом для мира и следовать истине в любви, чтобы поощрять сексуальное здоровье в сообществах по всему миру. Прочитайте Иоанна 8:1-12. Все больше и больше людей живут вдали от Божьего плана. Мы можем показать Божий план в отношении сексуальности, брака и семьи, но мы не должны терять сострадательного отношения

Иисус. Своим примером он показал нам, как надо жить. Он проявил любовь и благодать к женщине, совершившей прелюбодеяние, сказав: «Я не осуждаю тебя». Он бросил вызов осуждающему отношению людей. Осуждение и дискриминация людей также греховны. Затем Иисус использовал свою власть, чтобы сказать женщине: «Иди и впредь не греши». Как церковь, мы должны проявлять благодать, но не должны молчать о праведности. Справедливость — это не осуждение. Справедливость означает бросить вызов вредным традиционным обычаям и взглядам, чтобы гарантировать, что все люди ценятся по образу Божьему.

СЕКС В ЧЕЛОВЕЧЕСКОМ ВЗГЛЯДЕ

Секс относится к действиям, которые могут кого-то сексуально возбудить. Секс – это не только половой акт, он также включает в себя поцелуи, ласки и оральный секс. Вы также можете заниматься сексом в одиночестве. Это называется мастурбацией. Сексуальность – неотъемлемая часть человеческой жизни. Это нормальный и позитивный способ самовыражения. Сексуальность касается не только секса, но и других вещей. Например: сексуальное удовольствие и близость, анатомия и рождение детей, а также табу и ценности, связанные с сексуальной ориентацией. Причины для секса Вы можете заниматься сексом по разным причинам. Например, потому что вы хотите:
- есть дети;
- испытать сексуальное удовольствие;
- выразить свою любовь и другие чувства;
- испытать близость;
- расслабляться...

Различные способы заниматься сексом Вы можете заниматься сексом по-разному:

- сексуальные отношения;
- ласки;
- объятия;
- поцелуи;

Секс — это не только правильные техники. Также важно обращать внимание на чувства и желания другого человека, делиться близостью и создавать правильную атмосферу. Попробуйте и узнайте, что предпочитаете вы и ваш партнер. Поговорите со своим партнером о своих желаниях и чувствах. Вы также можете поэкспериментировать с собой. Секс может быть разным в каждом случае.

Сексуальная активность людей может меняться в течение жизни. Например: из-за изменений в организме или полового влечения. Это нормально. Некоторые люди не занимаются сексом в течение короткого или длительного периода времени. Различные типы отношений и сексуальной жизни Люди имеют разные типы отношений и сексуальной жизни. Например, некоторые люди занимаются сексом до брака, а другие нет. У кого-то только 1 партнер, у кого-то несколько. Люди одного пола, когда они занимаются сексом друг с другом, это называется гомосексуализмом. Сексуальное согласие Каждый раз, когда вы занимаетесь сексом, вы должны давать согласие и чувствовать себя подготовленным.

Взаимное согласие означает, что оба человека хотят иметь сексуальный контакт. Оба человека могут принять решение остановиться в любой момент. Не позволяйте никому принуждать вас к сексу.

10 ПРЕИМУЩЕСТВ СЕКСА ДЛЯ ЗДОРОВЬЯ

Секс, помимо удовольствия и размножения, часто связан с проблемами общественного здравоохранения, такими как венерические заболевания (ЗППП) и неожиданная беременность. Но практика — при условии, что она защищена — также приносит пользу как для физического, так и для психического здоровья.

Опрос, опубликованный недавно в Journal of Management, показал, что женатые сотрудники, которые отдают предпочтение сексуальным отношениям, лучше справляются с работой. Другое исследование, опубликованное в журнале Journal of Health and Social Behavior, связано срутинной половой жизни для снижения риска гипертонии у пожилых женщин. Теперь британский сайт The Daily Mail перечислил еще десять причин для того, чтобы чаще «сближаться», начиная от улучшения самочувствия и заканчивая защитой иммунной системы.

1 - Укрепление иммунитета

Секс один или два раза в неделю увеличивает уровень антител — белков, используемых иммунной системой для защиты организма от простуды и гриппа — на 30%, согласно исследованию Университета Уилкса в Пенсильвании, США. Считается, что это преимущество связано с тем, что сексуально активные люди больше подвержены воздействию вирусов и бактерий, что приводит к большему выбросу этих веществ.

В то время как все виды секса влияют на кровоток в организме, эксперты объясняют, что сексуальный опыт, не популяризированный трилогией «Пятьдесят оттенков серого», более известный как БДСМ (рабство, дисциплина, подчинение и садомазох), может быть более эффективным, когда речь идет об укреплении иммунитета". Кожа является самым большим органом в теле с миллионами рецепторов прямо под поверхностью. Когда кто-то прикасается к нашей коже во время массажа, игры, объятий, рук или физического секса, мы начинаем испытывать физиологическое исцеление и физический», — рассказала специалист по сексу Сандра Ламоргезе специализированному веб-сайту Medical Daily.

2 - Лучшее сердечно-сосудистое здоровье

Сексуальная активность способствует увеличению частоты сердечных сокращений, которая достигает пика во время оргазма. Согласно исследованию, проведенному Исследовательским институтом Новой Англии в Массачусетсе, США, у мужчин в возрасте 50 лет, которые занимаются сексом не реже двух раз в неделю, риск сердечных заболеваний на 45% ниже.

3 - Снижение артериального давления

Исследование Мичиганского государственного университета в США показало, что женщины в возрасте от 57 до 85 лет, ведущие активную половую жизнь,

меньше шансов иметь высокое кровяное давление. Гипертония является фактором риска сердечного приступа и инсульта.

4 - Натуральный анальгетик

По данным исследования, проведенного Мюнстерским университетом в Германии, у страдающих мигренью головная боль после секса уменьшилась на 60%. Кластерная головная боль, характеризующаяся мучительной болью на одной стороне лица, показала улучшение на 37% у людей. Этот эффект может быть вызван высвобождением во время секса гормонов здоровья, таких как эндорфины, что также связано с облегчением боли.

5 - Снижение риска рака простаты
Согласно исследованию, проведенному Национальным институтом рака в Мэриленде, США, мужчины, которые эякулируют не менее 21 раза в месяц, имеют в три раза меньший риск развития рака простаты по сравнению с теми, кто «выпускает» только пять-семь раз.

Возможное объяснение этой ассоциации состоит в том, что частая эякуляция может помочь простате «очистить» организм от веществ, вызывающих рак, или предотвратить развитие отложений кальция, фактора риска для этого типа опухоли.

6 - Восстановительный сон
Секс высвобождает в мозгу коктейль химических веществ, включая окситоцин и пролактин. Комбинация этих гормонов связана с расслаблением, что помогает вам заснуть.

7 - Снижение стресса
Исследователи из Университета Пейсли, Шотландия, обнаружили, что у людей, которые недавно занимались сексом, во время публичных выступлений артериальное давление было ниже, чем у тех, кто не занимался сексом накануне вечером. Авторы считают, что это успокаивающее действие оказывает выброс окситоцина во время секса на теле.

Несколько исследований также показали снижение уровня стресса у пар, занимающихся БДСМ-сексом. Опрос 2009 года показал, что и у доминантных, и у сабмиссивных были более низкие уровни кортизола — также называемого гормоном стресса — после выполнения какой-либо деятельности. Помимо стресса, этот гормон отвечает за регулирование нескольких элементов в нашем организме, таких как уровень сахара в крови, иммунный ответ и даже воспаление.

Другое исследование, проведенное Университетом Северного Иллинойса в США с участием семи пар, которые занимались БДСМ-сексом, показало, что после практики все участники сообщили об улучшении настроения, снижении уровня стресса и повышении показателей по полной шкале концентрации. К счастью, авторы отмечают, что до тех пор, пока осознанность достигается на практике, эти преимущества могут быть достигнуты и с другими видами секса.

«Внимательное внимание, которое люди уделяют друг другу в контексте БДСМ, находит применение и в других типах сексуальных взаимодействий. Если люди действительно сосредоточены друг на друге и на положительном опыте своего партнера, мы можем увидеть аналогичные эффекты». писали авторы.

8 - Более острая память
Частый секс может улучшить память женщины. Ученые из Университета Макгилла в Канаде обнаружили, что женщины, которые недавно занимались сексом, лучше запоминали абстрактные слова во время задания на запоминание слов.
Считается, что секс стимулирует развитие нейронов в той части мозга, которая отвечает за обучение и память.

9 - Долголетие
Исследователи из университетов Бристоля и Белфаста в Великобритании обнаружили, что риск смерти был ниже у мужчин, которые часто испытывают оргазм, по сравнению с теми, кто не эякулирует регулярно. Исследование было проведено с участием около 1000 мужчин в возрасте от 45 до 59 лет, за которыми наблюдали в течение 10 лет.

10 - Повышенная самооценка

В дополнение к многочисленным физическим преимуществам регулярный секс может улучшить ваше психическое благополучие. Согласно исследованию, проведенному Корнельским университетом в Нью-Йорке, США, студенты, вступающие в случайные половые связи, сообщают о большей самооценке, чем более преданные своему делу люди.

5,4 минуты - это среднее время секса в стабильных отношениях

КАКОВО СРЕДНЕЕ ВРЕМЯ ДЛЯ ХОРОШИХ СЕКСУАЛЬНЫХ ОТНОШЕНИЙ?

Вопрос, который приходит в голову многим людям, заключается в том, является ли время, посвященное половому акту, удовлетворительным. Технически секс включает в себя больше, чем проникновение; на самом деле прелюдия часто длится намного дольше, чем проникновение.

Одно исследование было сосредоточено только на времени между проникновением и эякуляцией определить среднее время полового акта и пришли к следующему выводу: среднее время для каждой пары (исходя из среднего значения всех раз, когда они занимались сексом) колебалось от 33 секунд до 44 минут; разница в 80 раз. Среднее значение среди всех пар составило 5,4 минуты. Кроме того, были и вторичные результаты: использование презервативов, например, похоже, не влияло на время, как и тот факт, что некоторые мужчины были обрезаны, что противоречит слухам о том, что обрезание влияет на чувствительность полового члена.

Психолог Брендан Зич, профессор Университета Квинсленда, признает, что, несмотря на то, что это лучшее исследование на сегодняшний день, измерить среднее время эякуляции не так просто, поскольку люди предвзяты, завышая оценки продолжительности. Кроме того, во время секса пары почти не следят за временем начала и окончания полового акта; за исключением случаев, когда это было запрошено, как это произошло в период исследования.

Инфаркт во время секса случается редко, но может случиться.
По данным IFLScience, исследовательская группа следила за 500 парами по всему миру в течение четырех недель с помощью секундомера. Участники активировали кнопку, чтобы «начать» проникновение полового члена и «остановить» сразу после эякуляции. Однако, поскольку этот мониторинг мог повлиять на производительность и «климат» во время секса, исследование нельзя считать идеальным.

Еще один интересный факт, обнаруженный учеными, заключался в том, что не было ни одной страны, которая выделялась бы по половому признаку. Однако измерения в Турции показали, что половой акт среди турецких пар, как правило, был значительно короче (3,7 минуты) по сравнению с парами из таких стран, как Нидерланды, Великобритания, Испания и США. Еще одно открытие, сделанное командой, заключалось в том, что чем старше пара, тем меньше времени длится секс.

Эволюция не заботится о времени
Является ли среднее время, указанное в исследовании, идеальным? С эволюционной точки зрения этого более чем достаточно. Согласно Зитчу, секс не должен длиться долго, поскольку цель, согласно эволюции, состоит в том, чтобы позволить сперматозоиду достичь яйцеклетки. Было бы намного лучше избегать всех физических нагрузок и только один раз проникнуть и эякулировать. Быстро и просто. Биологию не волнует, что секс может быть

веселым и приятным, это всего лишь один из способов, которым эволюционный процесс способствует размножению.

В исследовании 2003 года использовались искусственные влагалища, пенисы и сперма, чтобы объяснить, почему проникновение, хотя и может быть даже быстрее, длится дольше, чем необходимо. Согласно результатам, гребень вокруг головки полового члена был разработан для удаления ранее существовавшей спермы во влагалище. Это открытие предполагает, что повторное проникновение может работать, чтобы вытеснить вероятную сперму другого мужчины, прежде чем разрешить эякуляцию, гарантируя, что его собственная сперма будет иметь больше шансов достичь яйцеклетки.

Точно так же это исследование могло бы объяснить, почему некоторые мужчины чувствуют некоторую боль, если они продолжают проникновение после эякуляции: это был бы способ для тела предотвратить извлечение собственной спермы. «Что делать с этой информацией? Мой совет — постарайтесь не думать об этом в моменты страсти», — прокомментировала психолог.

ГЛАВА II

СЕКС КАК КУЛЬТУРА В АФРИКЕ

Тема секса в Африке является чем-то священным, тем более в некоторых регионах, что выходит за рамки воображаемого. Где, к сожалению, секс используется для неких причудливых ритуалов, нарушающих права человека.

КЕНИЯ

В качестве примера у нас есть группа женщин в западной Кении, которые изо всех сил пытаются порвать с древней традицией: так называемым «очищением» вдов. Ритуал, практикуемый народом луо, преобладающим в этом регионе, предусматривает, что женщины вступают в сексуальные отношения с незнакомцами после смерти их мужей, чтобы «очистить их от нечистоты».

Хотя в 2015 году правительство Кении объявило его вне закона, этот обычай все еще жив в одном из самых бедных и сельских районов страны. И часто это происходит без использования презервативов, что делает женщин уязвимыми к ВИЧ, вирусу, вызывающему СПИД. Вышеупомянутый ритуал начинается с секса на полу, где вы снимаете одежду и оставляете на полу. Затем они ложатся спать, чтобы снова заняться сексом.

Утром вы сжигаете одежду и сумки, в которых спали. Затем она бреет волосы». Проведя четыре дня с так называемым «скруббером», женщина возвращается в дом своих родителей. Я хочу вымыть все в доме. Тогда, наконец, дети могут вернуться».

МАЛАВИ

Где-то в Малави девочки в возрасте 10-13 лет подвергаются изнасилованию в рамках традиции. Девочек заставляют вступать в половую связь вскоре после первой менструации с мужчиной, оплаченным их собственными родителями — тех, кто оказывает такие «услуги», называют «гиенами». Знаменитые «гиены» — физически здоровые мужчины, обладающие сексуальной силой. Такой же акт проводят старушки из тех же племен.

Как работает этот ритуал: После серии учений о том, как стать полноценной женщиной, дамы сообщают девушкам, что достигнута заключительная часть процесса. На последнем этапе появляется «гиена», что считается для девушек особым визитом. Дамы рекомендуют девушкам не волноваться, так как гиена не животное, в случае с мужчиной.

Согласно отчету девушки, сделанному во время репортажа Би-би-си в этой африканской стране, она сказала, что на самом деле не знает, что такое гиена и что она собирается делать. Девушкам не объясняют, какой половой акт предстоит совершить, что переводится как изнасилование. У каждого должен был быть предмет одежды, который было приказано снять и положить на пол. Тогда самое время показать, что было известно о том, как обращаться с мужчиной, репетируя, что делать с будущими мужьями. Там глаза девушки закрыты повязкой. Им рекомендуется не быть твердыми, не умеющими показать, что не знают, что происходит. Вот приходит мужик и говорит ложиться, раздвигает ноги и делает то, что "должен". Девушкам даже не позволено знать, кто был этот мужчина — знают только дамы. после акта поздравляют, уверяя, что только что стали женщинами.

Где-то в Африке определенные племена используют секс как дополнение к благословению или удаче, в этом случае некоторые женщины перед тем, как выйти замуж, заводят отношения со своими дядями (братами матери), когда приходит время замужества. В качестве предлога утверждается, что таким образом они будут иметь здоровый дом, получив одобрение своего дяди, который обычно считается владельцем их племянниц. Несоблюдение этих традиций приводит к последовательным проблемам в доме и, как следствие, к разлуке в случае неисправления отрицания ритуала.

В Африке у некоторых народов дяди имеют больше власти над племянницами (сестринскими дочерьми), чем сам отец.

Основанием для защиты этой теории является то, что в браке мужчина может быть неверен жене и в результате этой измены иметь детей, но в некоторых случаях те же самые мужчины также обманываются и в итоге принимают детей, которых нет. их. Но в случае с женщинами иначе: даже будучи неверной мужу, дети, зачатые от неверности, всегда будут принадлежать женщине, изменившей мужу. Эта теория поддерживает определенные требования или позицию некоторых африканских племен.

Вот приходит мужик и говорит ложиться, раздвигает ноги и делает то, что "должен". Девушкам даже не позволено знать, кто был этот мужчина — знают только дамы. после акта поздравляют, уверяя, что только что стали женщинами.

МОЗАМБИК
Кутчинга: акт «очищения» вдовы

Фотография в иллюстративных целях - L MasinaVOA

Kutchinga на сичанганском и других языках южного Мозамбика, или Kupita-kufa на ci-sena, что на португальском языке означает левират,

Церемония очищения вдовы, которая проводится (сейчас в меньших масштабах в некоторых регионах и общинах - имеет тенденцию выходить из употребления), когда женщина теряет мужа. Акт состоит из половых отношений или брака между вдовой и братом ее умершего мужа.

Утверждается, что ритуал служит для сохранения «наследства» покойного в семье, а не рассеивания, как это было бы, если бы вдова вышла замуж за кого-то вне семьи. Несмотря на неиспользование в стране, эта практика на протяжении десятилетий оставила неизгладимый след в жизни причастных, как женщин, так и мужчин (были случаи, когда единственный брат умершего был еще очень молод и не имел опыта супружеской жизни, а потому обычаем своей общины, он был вынужден принять «наследство» своего брата, игнорируя его свободу выбора и его мечты).

Процесс проводится через шесть месяцев или год после похорон близкого человека. «Тетки семейства собрались и решили, кто должен упрекать (вмешиваться) вдову и, следовательно, быть наследником покойного».

Горький опыт!
Альбертина Мадивала, к которой нежно относилась Касильда, шестидесятиоднолетняя женщина из Кумбаны, провинция Иньямбане. Мать семерых детей, в настоящее время проживает в городе Иньямбане. Она рассказывает нам о своем опыте, когда ей пришлось пройти через Катчингу.

Все началось, когда она потеряла мужа в 2008 году. Год спустя, в 2009 году, ее дети решили найти практикующего народную медицину, который провел бы с ними церемонию кутчинга. . По общему согласию семьи было решено, что кутчингу с ее шурин, брат ее мужа, который в то время уже был женат. «Когда мне сказали, что я должна сниматься, я сильно плакала, потому что не хотела. Но у меня не было выбора, я должен был это сделать». И добавляет: «Я не мог этого отрицать, потому что вся семья была за этот поступок».

В день церемонии г-жа Касильда говорит, что с прибытием традиционного врача он приготовил смесь корней, которую позже использовали для помещения в ладони рук с помощью специального инструмента (что-то, напоминающее кокосовую метлу ручной работы).).

«Это было похоже на нарушение»
После процесса одежду умершего мужа забрали и выбросили в мусорку, а ее и ее зятя отвели в комнату, где они должны были заняться сексом. Они взяли с собой ведро воды и глиняный горшок. В спальне, как и положено, они занялись сексом. Г-жа Касильда вспоминает те моменты и делится: «Мне было плохо, потому что разговора не было, это было похоже на нарушение. Я чувствовал боль, я даже плакал, потому что меня заставляли делать то, чего я не ожидал».

Наш собеседник добавляет: «После акта мы моем интимные места водой из ведра. Вода, используемая для мытья половых органов, должна быть помещена в глиняный горшок». По окончании процесса глиняный горшок относили к мусорному баку, где лежала ранее положенная одежда умершего.
На следующее утро всех членов семьи отвели на свалку, чтобы принять «ванну», которая заключалась в том, чтобы опустить ноги в глиняный горшок с водой, которую участники кутчинга использовали для мытья своих половых органов. Тем не менее, вся семья была уволена. О своем опыте г-жа Касильда говорит: «Я

прошла через кутчингу только потому, что мне сказали, что это будет на благо моих детей дома. Чтобы не случилось, что кто-то заболел и умоляет не Церемонию кутчинга обычно проводил зрелый практик традиционной медицины или пожилой человек, который прошел через это, добавляет г-н Гилундо. Однако из-за подверженности лиц, вовлеченных в заболевания, передающиеся половым путем, эта практика была запрещена в соглашении между Ассоциацией традиционных врачей Мозамбика тот (AMETRAMO) и Министерство здравоохранения (MISAU).

Сегодня практикующие народную медицину используют корни для лечения, чтобы заменить отношения, которые должны были быть между вдовой и братом покойного мужа. Как говорит наш собеседник, вся церемония сохраняется, только половой акт заменяется корневым омовением, которое следует устроить всей семьей в мусорном ведре. «Ванна состоит из того, что каждый член семьи моет свое лицо, руки и ноги лекарством». Пер; Ванила Амадеу.

Обряды сексуальной инициации являются обычной практикой в сельской местности Мозамбика и состоят из подготовки девочек в возрасте от 9 до 13 лет к сексуальному удовлетворению своих мужей, исполнению прихотей мужа и приятности для их будущей семьи. «Ужасная практика», — считает ЮНИСЕФ.

Девочек забирают из школы и семьи, как только у них начинается первая менструация, а иногда и раньше, и запирают в доме, где «крестные» обучают их сексуальным практикам в течение двух или трех недель. «Они готовы расширить ваши вагинальные губы, которые должны быть большими, чтобы доставлять больше удовольствия; используя мужчин и даже следуя практике под названием Отума, которая состоит из вагинального расширения. Некоторые практики, такие как вагинальное расширение, начинаются в 8 лет», — указывает . доклад ЮНИСЕФ, агентства ООН по защите прав человека.

Эти обряды основаны на представлении о том, что женщины ниже мужчин. Помимо сексуальных учений, девушки должны научиться убирать своих мужей после секса, чтобы не пачкать постельное белье, и принимать с самого начала капризы мужчины, чтобы он не отвергал свою жену. Дети также должны уметь убираться в доме, готовить еду и радовать семью будущего мужа, что засчитывается в «его будущую ценность, его цену «Это табуированная тема, информацию по которой очень трудно получить, а исследований мало», — жалуются источники в правительстве Мозамбика, ссылаясь на распространенную практику, особенно в провинциях Замбезия и Нампула.

ОБРЕЗАНИЕ

Это обряд взросления, инсценировка разрыва с детством и вступления во взрослую жизнь. Половой орган является символом жизни: его разрезание равнозначно открытию шлюза жизни, чтобы ее течение могло свободно течь». В других местах, например в Эфиопии, считают, что это гигиеническая мера с положительными моральными последствиями, гарантирующая женственность или мужественность. В Кот-д'Ивуаре убеждены, что иначе у них не будет детей.

ОБРЕЗАНИЕ ДЛЯ АФРИКАНЦЕВ

Это обряд взросления, инсценировка разрыва с детством и вступления во взрослую жизнь. Половой орган является символом жизни: его разрезание равнозначно открытию шлюза жизни, чтобы ее течение могло свободно течь». В других местах, например в Эфиопии, считают, что это гигиеническая мера с положительными моральными последствиями, гарантирующая женственность или мужественность.

БЕРЕГ Слоновой Кости В Кот-д'Ивуаре убеждены, что иначе у них не будет детей.

АНГОЛА

В Анголе нет конкретной теории, маргинализирующей необрезание (в основном в городах), но таким человеком считается тот же человек, что и необрезанный. В пригородных районах восприятие другое, поскольку оно считается более агрессивным по отношению к необрезанию.

Глава III

СОПРОТИВЛЕНИЕ АФРИКАНСКИХ МУЖЧИН

Теоретически африканцы более физически устойчивы к ущербу других народов, особенно тех, кто населяет сельские районы Африки.

Сельское хозяйство для африканцев в сельской местности является обычным явлением, поскольку одна и та же практика начинает быть частью их жизни в раннем возрасте. При этом люди очень рано начинают приобретать навыки движения телом, и эти же рабочие места оказывают сопротивление телам, как если бы они посещали спортзал.

Те, кто занимается физическими упражнениями, с большей вероятностью выдержат (вынужденную) последовательную нагрузку, потому что их тело лучше подготовлено, чем у тех, кто их не практикует.

Африканские народы, живущие в сельской местности, занимаются сельским хозяйством в повседневной жизни, и, что любопытно, в этих районах мобильность граждан обеспечивается длительными прогулками, которые в конечном итоге готовят мужчин к большим испытаниям на выносливость.

Мужская потенция африканцев в ряде случаев также является следствием воздержания от употребления алкогольных напитков (особенно горячих) и сладостей, поскольку такие напитки негативно влияют на мужскую динамику в половом акте.

Африканцы, проживающие в сельской местности, обычно употребляют горячие, но натуральные напитки. Такие напитки в конечном итоге не оказывают такого же воздействия, как импортные или обработанные напитки. При этом мы должны указать некоторые напитки с эффектом опьянения, но натурального происхождения, которые часто употребляют африканские мужчины, проживающие в сельской местности;

- MARUVO, который очень распространен в северном регионе Анголы, конкретно в провинции Бенго. Добытый из пальмы, он так же оказывает мгновенное действие, так как быстро опьяняет человека, но не так вреден, как промышленные напитки.

- KATRUNGUNGU, сладкий напиток из корней. Чтобы получит делают пьяным, некоторые добавляют какие-то компоненты, которые его ферментируют. Но это не достигает уровня агрессивности, который имеют промышленные напитки.

РЕЙТИНГ СТРАН С САМЫМ БОЛЬШИМ ЧЛЕНОМ

Карты существуют, чтобы направлять нас, и в этом смысле подходит все: география, политика, климат, демография и, конечно же, размеры определенных анатомических областей. На карте, которую мы представляем ниже, дорогой и любознательный читатель, ты узнаешь, в каких странах есть мужчины, скажем, с большим пенисом.

Такая карта гениталий недавно была опубликована в «Зеркале», и мы подумали, что было бы неплохо поделиться этой информацией с читателями этой книги. Первоначальная идея заключалась в каких-то атрибутах африканских мужчин, так что бесполезно обвинять нашу редакцию в результатах, если им это не очень нравится – мы просто передаем информацию, мы заслужили скидку.

Во-первых, не забывайте об очевидном: по оценкам, в мире насчитывается 3,4 миллиарда мужчин, поэтому очевидно, что следующие размеры являются средними, а не приговором.

Во-первых, не забывайте об очевидном: по оценкам, в мире насчитывается 3,4 миллиарда мужчин, поэтому очевидно, что следующие размеры являются средними, а не приговором. Собранные данные доказывают, что на самом деле африканцы находятся в более выгодном положении, особенно выходцы из Демократической Республики Конго.

Затем мы видим, что размер также задокументирован в таких странах, как Эквадор, Гана, Венесуэла и Ямайка.
10 стран с самым большим пенисом Страны с самым большим мужественным членом (в сантиметрах, карта в дюймах):

Конго: 18,03 см
Эквадор: 17,78 см
Гана: 17,27 см
Венесуэла: 17,02 см
Креветки: 16,76 см
Колумбия: 16,76 см
Ливан: 16,76 см
Ямайка: 16,26 см
Панама: 16,26 см
Буркина-Фасо: 16 см.

Когда мы проходим эту классификацию, у нас нет намерения умалить одно или другое. Но поскольку это книга, в которой говорится о вэйлансах африканских мужчин, мы считаем чрезвычайно важным оставить эти данные.

ЛЮБОПЫТИЯ ОБ ОРГАЗМЕ

Лишь 36% женщин испытывают оргазм во время секса, свидетельствуют беспрецедентные исследования. Из них половина достигает оргазма с африканскими мужчинами.

Опрос, на который анонимно ответили несколько женщин из разных регионов мира, был направлен на то, чтобы понять, как женщины переживают свою сексуальность, с помощью 29 вопросов, начиная от «Как вы называете свои гениталии?» на «Вы когда-нибудь имитировали оргазм?» на «Вы когда-нибудь подвергались насилию?»

«Можно было увидеть, что для них разговоры о сексе также говорят о здоровье, самооценке, безопасности и образовании, в дополнение к законному поиску большего женского удовольствия», согласно опросу, в котором участвовали участники в возрасте 18 лет. до 60+ лет, причем большинство (83%) в возрасте от 21 до 40 лет. Среди них 76% объявили себя гетеросексуалами, 87% заявили, что были моногамны в отношениях, а 33% были одиноки.

Только 16% женщин говорят, что им нравится женское проникновение.
На вопрос о том, как они получают больше удовольствия, 27 % ответили, что это происходит, когда их партнер занимается оральным сексом, 22 % — когда они касаются клитора и 10 % — когда их стимулируют вульву. Когда дело доходит до мастурбации, 70% любят касаться клитора напрямую, 67% используют только руки, а 21% стимулируют вибратором. Только 16% получают женское удовольствие от проникновения, в то время как почти 60% сообщают, что наибольшим источником женского удовольствия является стимуляция внешних половых органов, вопреки тому, что

диктует фаллоцентрический сценарий.

Поскольку многие женщины уже чувствуют себя свободными и полны решимости Говоря о сексе, опрос показал, что у части респондентов все еще есть какие-то ограничения или трудности в раскрытии вопросов сексуальности. Только 43% из них открыто говорят со своими партнерами и партнерами на эту тему. Другой факт проясняет неравенство мужских и женских удовольствий. В опросе задавался вопрос о частоте оргазмов во время мастурбации, а также во время секса: 74% женщин заявили, что испытывают оргазмы всякий раз, когда мастурбируют, и только 36% заявили, что у них были частые оргазмы во время полового акта.

«У меня никогда не было оргазма»
Что касается основных трудностей в сексуальной близости, то исследование показало, что женщины по-прежнему испытывают давление, чтобы достичь оргазма во время проникновения, даже если путь не тот, который чаще всего ведет их к нему. «Эта информация только укрепляет нашу фаллоцентрическую культуру, которая настаивает на том, что проникновение всегда является первым ответом на удовлетворение секса. Правда в том, что давление на женщин, чтобы они искали удовольствия только через вагинальное проникновение, противоречит женской анатомии: подобный оргазм редок, потому что это плохо иннервируемая область»

"Заставлять женщин искать женское удовольствие только через проникновение — это то, что противоречит женской анатомии: подобный оргазм случается редко, потому что это область, которая не очень иннервирована".

Основные жалобы: «У меня никогда не было оргазма», «Мне не нравится проникновение», «Я не умею мастурбировать», "У меня нет такого сильного желания заниматься сексом, как у моего мужа".

«Каждый может чувствовать женское удовольствие» В ходе опроса 65% женщин заявили, что они уже подвергались насилию в той или иной форме. Из них 25% были сексуальным насилием. . Ссылки на женскую сексуальность до сих пор очень травматичны.

"Подавляющее большинство женщин никогда не проходили половое воспитание, а когда в центре внимания всегда была негативная перспектива, связанная с рисками и последствиями полового акта. Женщин никогда не учили тому, что они могут получать удовольствие от сексуальности, поэтому они все еще ищут физическую проблему, оправдывающую их неспособность чувствовать женское удовольствие. Путь обратный, каждый может испытывать удовольствие, ограничение культурное», — считает психоаналитик.

«Никогда не учили, что женщины могут получать удовольствие от сексуальности»

Действительно ли у нас меньше желаний, чем у нашего партнера? Еще одним важным моментом является то, что женщины думают о своем либидо: 59% говорят, что, когда они находятся в отношениях, у их партнера больше сексуального желания. Почему до сих пор существует это несоответствие желания? Как повысить женское либидо и сделать его более сбалансированным в паре? «Согласно социальной концепции, согласно которой секс приравнивается к проникновению, непосредственно затрагивается либидо женщины, поскольку подавляющее большинство из них не испытывает удовольствия при проникновении. «Но это не для того, чтобы отпугнуть мужчин. Наоборот, им пора осознать, что у них чтобы отпугнуть мужчин. Наоборот, им пора осознать, что у них есть целое тело, чтобы заняться сексом, и отвлечься от этого проникновения», — говорит он.

МАСТУРБАЦИЯ

Является ли мастурбация грехом? Слово Божье учит нас, что сексом, а не эгоистичным наслаждением, следует заниматься исключительно в рамках супружеских отношений.

Библия прямо не говорит о мастурбации, но предлагает несколько принципов, которые помогают нам понять этот предмет. Слово Божье учит нас, что сексом, а не эгоистичным наслаждением, следует заниматься исключительно в рамках супружеских отношений. Божественный план состоит не в том, чтобы «мужчина был один» (Бытие 2:18), а в том, чтобы он был сексуально удовлетворен в браке (см. Бытие 2:24; Исход 20:14; Притчи 5:18; 6:20–35). 7:1-27).

Несмотря на то, что многие современные врачи и сексологи положительно относятся к мастурбации, она представляет собой прямое отрицание библейского принципа, согласно которому «женщина не властна над своим телом, но над своим мужем; равно и так, муж не властен над своим телом, но жена» (1 Коринфянам 7:4). Также при мастурбации человек часто просматривает порнографические картинки или представляет себе эротические сцены, несовместимые с высокими христианскими принципами нравственной и духовной чистоты (см. 1 Петра 2:11).

Христос ясно заявил, что прелюбодеяние, осуждаемое Писанием (Исход 20:14), не ограничивается только внебрачными половыми сношениями, но также включает в себя весьма аморальные мысли, «оскверняющие человека» (Матфея 15:19, 20). . В Нагорной проповеди он утверждал: «Вы слышали, что сказано древним: не прелюбодействуй. А Я говорю вам: всякий, кто смотрит на женщину с нечистым намерением, уже прелюбодействовал с нею в сердце своем» (Матфея 5:27, 28). А в Псалме 24:3 и 4 мы читаем: «Кто взойдёт на гору Господню? Кто останется в Его святом месте?

Тот, кто чист руками и чист сердцем...» Хотя избавиться от пристрастия кмастурбации, благодать Христа сильна, чтобы дать нам победу над всякой греховной привычкой (см. 1 Коринфянам 15:57; Филиппийцам 2:13; 4:7; 1 Иоанна 1:7-9) и развить в нашей жизни божественный идеал изложено в следующих словах: «Наконец, братия, что только истинно, что честно, что справедливо, что чисто, что любезно, что достославно, что есть добродетель и похвала, что займите свой ум» (Филиппийцам 4:8).

Глава IV

ПРОБЛЕМЫ И ЕСТЕСТВЕННЫЕ РЕШЕНИЯ, КОТОРЫЕ ПОМОГАЮТ ПОДДЕРЖАТЬ АКТИВНОСТЬ АФРИКАНСКИХ МУЖЧИН

У мужчин со временем возраст и факторы здоровья, возникающие в результате старения, в конечном итоге вызывают у них эректильную дисфункцию.

В этой работе, в дополнение к перечислению аспектов, которые превозносят африканскую мужественность, мы также хотим, в некотором роде, научить мужчин удвоить заботу о своем сексуальном здоровье, чтобы иметь долголетие в плане секса. Ниже мы упомянем некоторые болезни с сексуального форума и пути их решения.

Заболевания, влияющие на мужскую сексуальность
С возрастом организм человека становится более восприимчивым к болезням. Предрасположенность к проблемам со здоровьем у мужчин связана со снижением обмена веществ и уровня гормонов.

В поисках качества жизни важно правильно питаться, заниматься физическими упражнениями, избегать употребления алкоголя, табака и всегда практиковать безопасный секс. Думая о мужском здоровье, мы подготовили список самых распространенных заболеваний у мужчин и способы их лечения. Следите за нашей статьей, чтобы узнать больше и улучшить свое здоровье.

Рак простаты
Согласно некоторым исследованиям, этот вид рака является вторым по смертности и чаще всего поражает мужчин. Существует генетическая предрасположенность, увеличивающая риск ее развития, но этому способствует и небрежное отношение к своему здоровью.

Очень важно всегда искать врача-специалиста для проведения плановых профилактических осмотров. Ежегодное обследование является способом ранней диагностики, предотвращающим прогрессирование заболевания в запущенную стадию.

Как предотвратить?
1- Диета, богатая фруктами, овощами, бобовыми, цельнозерновыми и злаковыми и с меньшим содержанием жира; цельнозерновые и с меньшим содержанием жира;
2- Потребляйте помидоры;
3- Минимум 30 минут физической активности ежедневно;
4- Поддерживайте вес, соответствующий росту;
5- Уменьшить потребление алкоголя;
6- Не курить;
7- Мужчины старше 40 лет должны проходить плановые осмотры; крови и при необходимости ректальное исследование.

Пальцевое ректальное исследование быстрое, проводится в кабинете врача, не мешает половой жизни и не вызывает боли, очень быстрое и важное для мужского здоровья.

Андропауза
Это падение уровня тестостерона в крови, которое происходит между 40 и 50 годами. Андропауза связана со снижением сексуальной способности. Некоторыми симптомами, возникающими в результате этого заболевания, являются депрессия, нервозность и раздражительность, проблемы со сном, усталость, беспокойство, боль и облысение.

Заместительная гормональная терапия помогает облегчить дискомфорт, вызванный андропаузой. Но эта терапия рекомендуется только при отсутствии естественного тестостерона.

При неправильном использовании этот вид лечения может вызвать бесплодие или увеличить количество эритроцитов, что увеличивает риск тромбоза и сердечно-сосудистых заболеваний.

Поддержание здоровых привычек, таких как сбалансированное питание и регулярные физические упражнения, помогает избежать дискомфорта андропаузы и предотвратить заболевания, связанные с падением выработки тестостерона. Также мужчинам рекомендуется регулярно посещать уролога для контроля состояния своего здоровья.

Эректильная дисфункция
Это трудности с поддержанием эрекции во время полового акта. Дисфункция возникает из-за физических и/или психологических расстройств и ухудшается, когда мужчина не обращается за медицинской помощью. Среди физических причин можно упомянуть плохое кровообращение (например, из-за диабета или высокого кровяного давления), микроциркуляцию полового члена, расстройства нервной системы или ожирение.

Психологические причины связаны со стрессом, депрессией, низкой самооценкой, сомнениями в своих способностях, беспокойством и другими факторами. Длительное употребление некоторых лекарств, алкоголя и табака также может привести к эректильной дисфункции.

Мозг играет ключевую роль в запуске серии физических событий, вызывающих эрекцию, начиная с чувства сексуального возбуждения. Несколько вещей могут мешать сексуальным ощущениям и вызывать или усугублять эректильную дисфункцию. К ним относятся: депрессия, беспокойство или другие психические расстройства, стресс, проблемы в отношениях, недостаток общения или другие проблемы.

Я могу назвать некоторые методы лечения, которые помогают в этих случаях, однако первостепенное значение имеют регулярные визиты к урологу.

1- Физические упражнения или изменение образа жизни
2- Соблюдайте здоровую и сбалансированную диету.
3- Консультация сексопатолога
4- Иглоукалывание
5- Мужской помпоаризм
6- Насосы для полового члена
7- Кольца полового члена

Ожирение

Ожирение – это заболевание, при котором происходит увеличение жировых отложений как в подкожной клетчатке, так и в висцеральной ткани. Это считается серьезной проблемой для здоровья и поражает в основном мужчин старше 40 лет.

Ожирение может иметь генетическую причину, но основными причинами являются малоподвижный образ жизни и диета с высоким содержанием жиров и углеводов.
- Сердечно-сосудистые проблемы, связанные с мужским здоровьем
- Что касается сердечно-сосудистых проблем, мы можем сгруппировать ряд заболеваний, таких как инфаркт миокарда, стенокардия и инсульт.

Эти заболевания могут быть связаны с генетическими факторами, но, как правило, причины связаны с отсутствием медицинской помощи, чрезмерным потреблением обработанных пищевых продуктов, отсутствием физической активности.

Любовь к себе побуждает людей заботиться о себе, так что, мальчики, давайте любить друг друга и не позволять предубеждениям получать от жизни самое лучшее, то есть удовольствие, будь то сексуальное или счастье в проживании уникальных моментов.

Когда вы заботитесь о себе, вы начинаете чувствовать себя лучше, производя хорошее впечатление и нравясь окружающим.

Автор: **Mirna Zelioli**

АФРОДИЗИАКИ, ПОМОГАЮЩИЕ В СЕКСУАЛЬНОЙ РЕВИТАЛИЗАЦИИ

YOHIMBE

Йохимбе - это дерево, произрастающее в Южной Африке, известное своими свойствами афродизиака, которые стимулируют сексуальный аппетит и помогают в лечении сексуальных дисфункций.

Научное название этого растения — Pausinystalia yohimbe, и его можно приобрести в магазинах здоровой пищи, аптеках или на открытых рынках. Высушенную шелуху этого растения можно использовать при приготовлении чаев или настоек, а также приобрести в виде добавок в капсулах или концентрированного экстракта.

Йохимбе для чего

Это лекарственное растение помогает в лечении ряда проблем, таких как:

* Стимулирует сексуальный аппетит и способствует повышению либидо;
* Помогает лечить сексуальную дисфункцию у мужчин, вызванную стрессом и беспокойством;
* Помогает при лечении эректильной дисфункции, так как расширяет сосуды и облегчает эрекцию;
* Повышает чувствительность интимной зоны женщины;

* Помогает в лечении депрессии, панического расстройства и общей тревожности;
* Стимулирует рост мышц и может быть показан спортсменам.

Кроме того, по назначению врача это лекарственное растение можно использовать и при лечении болезни Альцгеймера и сахарного диабета II типа.

Йохимбе Свойства

В целом, свойства Йохимбе включают в себя действие, улучшающее работоспособность, настроение и потенцию. Это растение обладает мощным эффектом афродизиака, а также расширяет кровеносные сосуды, укрепляет и продлевает эрекцию полового члена.

Это растение улучшает кровообращение, выделяет в кровь больше серотонина и даже борется с легкой депрессией.

КАК ПОЛЬЗОВАТЬСЯ

Как правило, высушенные шелухи йохимбе используются для приготовления домашних чаев или добавок на основе капсул, концентрированного порошка или концентрированного экстракта, содержащего сухой растительный экстракт.

Чай йохимбе от сексуальной дисфункции

Чай из этого растения можно легко приготовить из сухой коры ствола растения следующим образом:

* Ингредиенты: от 2 до 3 мерных ложек сухой шелухи йохимбе.
* Приготовление: поместите сушеные шелухи растений в кастрюлю с 150 мл кипятка, дайте смеси покипеть 10 минут на медленном огне. По истечении этого времени выключите огонь, накройте крышкой и дайте постоять 10-15 минут. Процедить перед употреблением.

Этот чай следует пить 3-4 раза в день по рекомендации врача в течение 2 недель лечения.

Рекомендуется применять в виде промышленно выпускаемых капсул, чтобы эффект был ожидаемым, следует принимать от 18 до 30мг в сутки, в течение,

по крайней мере 7 недель, потому что это период, который требуется этому растению для достижения максимальной пользы.

Побочные эффекты

Это растение при употреблении в больших количествах или без медицинского наблюдения может вызвать некоторые неприятные побочные эффекты, которые могут включать:

* Повышение артериального давления и частоты сердечных

сокращений;
* Головная боль;
* Беспокойство и бессонница;
* Тошнота и рвота;
* Дрожь и головокружение.

При его применении еще могут появиться такие симптомы, как головокружение, головная боль, нарушение координации движений, тревога, гипертония, галлюцинации.

КОГДА НЕ ИСПОЛЬЗОВАТЬ

Это лекарственное растение противопоказано беременным и кормящим женщинам, а также больным сахарным диабетом, заболеваниями почек, печени или желудка. Кроме того, это лекарственное растение не следует употреблять вместе с лекарствами от высокого кровяного давления, антидепрессантами и лекарствами для лечения психических расстройств, таких как, например, шизофрения. Йохимбе также не следует употреблять, когда человек ест продукты, богатые тирамином.

КАБИНДА СТИК

Пау де Кабинда считается одним из самых эффективных 100% натуральных афродизиаков. Корень, обнаруженный туземцами более ста лет назад, происходит из коры дерева, давшего ему название.

PAU DE CABINDA Изображение

Pau de Cabinda это растение, эксклюзивное для Анголы, точнее из лесов Кабинды, потребляемое мужчинами и женщинами. Употребление Pau de Cabinda показано для стимуляции и повышения сексуального аппетита, борьбы с проблемами импотенции и фригидности, это настоящий стимулирующий и бодрящий эффект, идеально подходящий при слабости и сексуальной астении.

Пау де Кабинда действует почти сразу на сексуальную физиологию (его эффекты варьируются от человека к человеку, а в некоторых случаях он начинает действовать через некоторое время после его приема), оказывая сосудорасширяющее действие, которое способствует увеличению кровотока. Не обходится без сексуальной стимуляции!

ВНИМАНИЕ: Хотя Pau de Cabinda и YOHIMBE являются 100% натуральными продуктами, их следует употреблять в больших количествах, и это вообще не рекомендуется в следующих случаях: людям с почечной недостаточностью, гипертоникам, имеют респираторные или сердечно-сосудистые проблемы. Волшебное зелье, повышающее чувствительность и удовольствие.

Продажа стика Cabinda в виде чая, ампул или капсул запрещена Европейским союзом с 14 мая 2019 года.

Pau de Cabinda, используемый для лечения эректильной дисфункции, который можно найти в магазинах здоровой пищи и супермаркетах, в настоящее время запрещен к продаже во всех странах Европейского Союза (ЕС). К моменту выхода указа началась настоящая гонка за пищевыми добавками — постоянные покупатели заказывали больше упаковок, чем обычно, и продукт был одним из бестселлеров сети травников.

- С немедленным эффектом «в течение часа или двух часов после приема», по мнению европейских урологов, потребление Pau de Cabinda может вызвать «серьезные проблемы у гипертоников».

ПРИРОДНЫЕ СТИМУЛЯТОРЫ, ИСПОЛЬЗУЕМЫЕ МУЖЧИНАМИ И ЖЕНЩИНАМИ В АФРИКЕ

Мы упомянем некоторые частые стимуляторы в Африке, в основном в южном регионе. Все основано на африканских лесных корнях.

СБРОС СОМНЕНИЙ — «Они называют это сомнениями, потому что это следует принимать, когда женщины сомневаются, что мужчина будет хорошо себя вести в постели. Поэтому, когда он пьет чай из этого порошка, он лучше размешивается, и она довольна. Продукт дает человеку стойкость, чтобы он быстро не кончился».

СПИКЕР СОМНЕНИЙ - Изображение

TIMBA–TIMBA "Он служит для укрепления мужской спермы и придания большей силы."

JOLA-MIONGO –"Помогает снять усталость с тела. Лечит боль в спине. Люди пьют жидкость с клеем и имбирем, что придает большей силы половому акту.".

COLA-COLA – "Порошок сдавливает влагалище, и женщина словно снова девственница. Некоторые исследования говорят, что когда у нее прекращаются менструации, она становится немного более открытой. В то время, указанный порошок должен быть использован".

RDC – "Этот продукт лучше, чем кола-кола в глазах многих женщин, потому что он делает влагалище более закрытым. Поэтому его продажа оказывается дороже".

DOCE-DOCE (пыли) – "Он служит для того, чтобы женщина чувствовала больше удовольствия от полового акта.".

COLA –"Он служит для сопровождения маруво и киссангуа, рекомендуется для женатых или женатых мужчин.".

ИМБИРЬ – "Он также служит для сопровождения напитков. Многие мужчины предпочитают есть его сырым, потому что эффект более агрессивен, когда он не подвергается изменению.".

NGADIADIA – "Это для жевания и питья с водой ... но если вы жуете, вы не можете пить молоко."

GIPEPE - Помогает бороться с болью в спине и активизировать действия во время секса.

КОРНИ, ЛЕЧАЩИЕ ПОЛОВЫЕ ЗАБОЛЕВАНИЯ

ТРАДИЦИОННАЯ КАССАВА – «Служит для того, чтобы доставить больше удовольствия мужчинам и женщинам во время полового акта».

MUNDONDO – "Служит для лечения спазмов и болей в животе".

ПЕРЕЗАРЯДИТЬ – "Служит для лечения спазмов и болей в животе".

EST– "Если человек принимает его, он получает больше силы".

Эти афродизиаки и стимуляторы используются в Африке, и они помогли спасти несколько отношений, а также породили споры и дебаты по поводу их побочных эффектов.

Глава V

ЧУДЕСА МОРИНГИ

MORINGA изображение

ИЗОБРАЖЕНИЕ ДЕРЕВА - МОРИНГА

Из множества других вариантов мы выделяем морингу и ее чудеса. Так как это неизвестный препарат, но рекомендованный врачами и не имеющий побочных эффектов.

Научное название этого растения — Moringa Oleifera. Слово Moringa происходит от Murungai, от Tatil выражения, которое описывает длинные, объемные стручки дерева. Moringa oleifera — многолетнее древовидное растение родом из Гималаев, высота которого может достигать 7–12 метров. Он широко культивируется в тропиках и устойчив к засухе. Уже в год посадки моринга начинает давать цветы и семена. В некоторых местах по всему миру растение дает семена два раза в год. Его цветки образованы неровными лепестками, со слабым запахом, желтовато-белого цвета. Его плоды представляют собой стручки, а семена покрыты крылатой оболочкой. Листья моринги напоминают слезу и имеют светло-зеленый цвет.

Стремление избавить себя от болезней привело многих больных к тому, чтобы придерживаться натуральных средств, говоря об Африке, вопрос стал бы более чувствительным, поскольку нехватка специализированных больниц для лечения некоторых заболеваний заставляет людей выбирать природу в качестве решения своих проблем.

Моринга продается в некоторых странах Африки, особенно в Республике Ангола. В столице Луанде моринга продается разносчиками на неофициальных рынках и в основном у ворот больниц в Луанде, особенно в больницах Америко Боавида, Хосина Машел и Больница Милитар, где сосредоточено большинство торговцев.

В отличие от jola miongo, missange, jeep и других натуральных

лекарственных средств, уже известных на африканском рынке, различные части моринги
с их помощью можно вылечить не менее 300 болезней, причем с некоторой торжественностью.

"С медицинской точки зрения все они называются моринга, например моринга с семенами, моринга с корнем и моринга с листом. Существует также сироп моринги, полученный из смеси листьев, цветков, семян и корней моринги, в который добавлены чеснок, лимон и мед, все натуральные".

Моринга Санто Ремедио» используется для лечения больных сахарным диабетом, миомой, брюшным тифом и половым бессилием. Помимо этих заболеваний, лекарства с морингой могут излечить тех, у кого есть проблемы со зрением, боли в желудке, воспалительные процессы в организме.

рак молочной железы в списке
В частности, для женщин моринга может помочь при лечении рака молочной железы, мочевых инфекций, рака матки, запоров.

КАК ПОЛЬЗОВАТЬСЯ МОРИНГОЙ

Если это семенная часть, процесс включает в себя очистку и пережевывание, запивая при этом стаканом воды. Лекарство принимают трижды в день, разжевывая по три семечка в семь утра, в 14 часов и, наконец, в 10 часов вечера. Если вам нужно побаловать себя листьями, вы должны отварить их и пить полученный настой двумя порциями (эквивалентно 2 чашкам) в день. Что касается корней, вы должны отварить восемь половинок в литре воды, а затем принимать три порции в день. Сироп принимают по чайной ложке три раза в день.

В сообщениях от людей, которые используют морингу, говорится, что больной брюшным тифом должен принимать лекарство с семенами в течение пятнадцати дней.

Лист моринги оказывает большое влияние на лечение гипертонии. Но также хорош для лечения кашля у детей. Корень моринги особенно полезен женщинам с инфекциями мочевыводящих путей. «Люди свидетельствуют, что они вылечились от рака с помощью моринги.

Крупнейшими клиентами являются больничные пациенты, многие из них рекомендованы врачами, некоторые врачи Госпиталя Милитар также купили продукцию, потому что она заслуживает доверия».

Беременным женщинам не следует принимать морингу. Лекарства, изготовленные из моринги, запрещены беременным женщинам, так как они очень сильные, так как «мужчинам с низкой сексуальной потенцией рекомендуется употреблять семена и корни моринги».

«Болезнь в организме человека входит быстро, но медленно уходит, лекарства нужно принимать постоянно. Многие пациенты только пробуют лекарства, в этом случае болезнь или вирус просто увядает, а при реанимации получается тромбоз, высокая температура или даже малярия». Во время лечения натуральными продуктами больному нельзя употреблять алкогольные напитки и пить пресную воду. Не следует есть импортную курицу или замороженное мясо, рекомендуется есть только «убойное мясо» и рыбу на гриле или приготовленную, исключая жареную, из-за жира, вызывающего различные заболевания.

Мужчинам с проблемами преждевременной эякуляции или болями

в почках рекомендуется чай, приготовленный из корня.

Моринга в натуральной медицине

1. Борется с раком
Листья и семена моринги обладают противораковой активностью. Они индуцируют апоптоз и подавляют рост некоторых опухолей, таких как клетки рака легких. Некоторые соединения, присутствующие в моринге, также борются со стимуляторами опухолей в организме.

2. Способствует здоровью системы кровообращения - регулирует гипертонию
Моринга имеет соединения, называемые тиокарбаматными и тиоцианатными гликозидами, которые обладают высокой гипотензивной способностью, то есть снижают кровяное давление.

3. Помогает контролировать диабет
Моринга содержит соединения, называемые флавоноидами, которые помогают снизить уровень глюкозы в крови, способствуя реакции инсулина. В его составе есть и другие соединения, называемые изотиоцианатами, которые уже показали признаки снижения резистентности к инсулину.

4. Лечит анемию
Листья моринги содержат больше железа, чем говядина, и, поскольку они также богаты витамином С, который способствует его усвоению, они являются ценной добавкой для людей, страдающих анемией. Анемия часто встречается у женщин в период менопаузы или во время менструации.

5. Обеспечивает энергией и способствует поддержанию мышечной массы.

Моринга очень богата белком с высокой биодоступностью. В моринге мы находим все незаменимые аминокислоты.

6. Устраняет высокий уровень холестерина

Семена моринги, поскольку они содержат большое количество клетчатки и омега-9, обладают способностью снижать уровень холестерина ЛПНП, основной причиной «засорения» вен и артерий, что приводит к многочисленным заболеваниям.

7. Антиоксидантное и противовоспалительное

Листья моринги содержат соединения с высокой антиоксидантной способностью. Они удаляют свободные радикалы, борясь с окислительным процессом и, таким образом, со старением клеток. Его противовоспалительное действие заметно при нарушениях в мочевыделительной системе, мужской репродуктивной системе, а также в костях и суставах.

8. Пренатальный период, беременность

Nutriboty moringa имеет хорошую концентрацию фолиевой кислоты, необходимого витамина для формирования плода. После родов помогает восстановить уровень железа в организме матери и способствует выработке молока. Растительное масло моринги глубоко увлажняет кожу, оставляя ее сухой на ощупь. Увлажнение и комфорт.

9. Преждевременная эякуляция

Мужчинам с проблемами преждевременной эякуляции или болями в почках рекомендуется чай, приготовленный из корня.

Глава VI

СЕКС КАК ФАКТОР Тщеславия

Для африканских мужчин чем сексуальнее или крупнее, тем лучше. Для них у них есть гарантия и безопасность в браке.

Документальный фильм, показанный в сентябре 2020 года на канале 4 в Великобритании, показал, как пожилые британские женщины едут в африканские страны, чтобы заняться «секс-туризмом, предлагая компанию в обмен на пожертвования». Туристы месяцами проводят в Гамбии из-за широкого сексуального предложения. Большинство из них возвращаются на родину в одиночестве, но другие женятся на туземцах и остаются в африканской нации или увозят их в Европу. Эта практика не одобряется, поскольку помимо подстрекательства к проституции она служит средством передачи венерических заболеваний.

Правительства африканских стран, где это часто практикуется, яростно осуждают такие действия, носящие девиантный характер. Таким образом, общества совершают проступки, которые ставят под угрозу будущие поколения.

Не то чтобы мы не одобряли того, что человек влюбляется в кого-то, но если это так, то лучше, чтобы это было в рамках стандартов (особенно христианских), чтобы мы не превращали секс в простое хобби.

В Африке секс является предметом многочисленных споров, от табу, которое окружает эту тему, до того, что те, кто чувствует себя физически сильным или подготовленным, понимают, что у них не может быть единственного партнера... то, как мужчины превозносят себя с несколькими женщинами, мотивирует многих следовать таким шагам.

Полигамия — это практика иметь более одной жены или мужа в

браке. Ниже мы представим истории африканцев, которые выделяются уровнем рождаемости выше среднего и даже бросают вызов самой полигамии.

Muhammadu Bello Abubahkar Masaba Bida - Нигерия Мухаммаду Белло Абубахкар Масаба Бида (28 января 1924 – 28 января 2017), также известный как Мохаммед Белло Абубакар, родился в Нигерии.

Известно, что Масаба вызвал споры в своем родном городе Бида в штате Нигер из-за своей обширной полигамии, и за свою откровенность он был обвинен по законам шариата и отправлен в тюрьму в 2008 году за отказ развестись со своими женами.

Ислам ограничивает количество жен, которые может иметь мужчина-мусульманин, требуя, чтобы ко всем относились одинаково. Он женился на 120 женах, развелся с 10 и имел 203 ребенка. Считается, что на момент его смерти в 2017 году некоторые из его жен были беременны.

Masaba был учителем и имамом. Он жил в многоквартирном доме со своей семьей. Масаба утверждал, что он никогда не преследовал своих жен, и они разыскивали его из-за его репутации целителя. Большинство их жен были моложе 30 лет, а некоторые моложе своих старших детей. В интервью Al Jazeera English его жены утверждали, что он был хорошим мужем и отцом.

В Коране говорится, что мужчина может жениться на четырех женах, требуя, чтобы ко всем относились одинаково. Масаба заявил, что, когда Коран устанавливает закон, он также должен определять наказание для правонарушителей, и за это преступление не было назначено никакого наказания.

Во время интервью в тюрьме Масаба сказал Христианский научный монитор:

"Если Бог позволит мне, я женюсь более чем на 86 женщинах. Нормальный человек не мог бы жениться на 86 - но я могу только по милости Божией, я женился на 86 женщинах и дома мир - если есть мир, как это может быть неправым?" Под вопросом.

После того, как исламская группа Джамаату Насрил Ислам (JNI) сделала заявление о его смерти, Совет эмирата Бида и собрание исламских лидеров пригласили Масабу для допроса. Совещания проходили во дворце Эцу Нупе, Бида, и Эцу Нупе в Биде, Яхая Абубакар зачитал приговор, в котором говорилось, что Масаба должен развестись с 82 из 86 жен в течение 48 часов или покинуть все Королевство Нупе, поскольку его безопасность не может быть нарушена. гарантируется в пределах королевства. По окончании ультиматума Масаба отказался развестись ни с одной из своих жен и отрицал, что обещал это сделать В 2008 году Белло был арестован исламскими властями и предстал перед шариатским судом. Перед судом над ним в шариатском суде полиция штата Нигер ему чистую купюру, так как госкомандование заявило, что в его доме не обнаружено ничего компрометирующего. Руководитель группы полиции, арестовавшей исламского священнослужителя в Биде до 27 сентября 2008 г., заместитель комиссара полиции Джон Олайеми, заявил:

«Мы не нашли в вашем доме ничего компрометирующего. В вашем доме не было ни ножа, ни пистолета, ни черепа, когда мы пришли пригласить вас поболтать в штаб».

Олайеми объяснил, что ордер на арест Масабы был вынесен по решению Высшего шариатского суда.

6 октября 2008 г., находясь под стражей в тюрьме Минны, судья Высшего шариатского суда в Минне Абдулмалик Имам передал дело Масабы в главный магистратский суд в Минне, признав, что суд не обладает юрисдикцией. Масаба все еще находился под стражей в тюрьме шариатского суда.

Тысячи протестующих собрались в знак протеста против его действий и заявили, что, если он будет освобожден, они не позволят ему вернуться в свой дом. Его жены заявили о своем возмущении его арестом. Из-за его упорного отказа развестись с 82 женами во время суда он был приговорен к смертной казни. Приговор был условным в начале сентября 2008 года.

Масабе все еще грозило выселение из дома. Об этом случае сообщили во всем мире и по всей Нигерии, что вызвало гнев многих нигерийских мусульман.

После романа Масаба сказал Би-би-си: «Мужчина с десятью

женами рухнет и умрет, но моя собственная сила дана Аллахом. Вот почему я смог контролировать 86 из них».

12 ноября 2008 г. Верховный суд Майтамы, Абуджа, постановил немедленно освободить Масабу из тюрьмы Минна. Судья вышестоящего суда, судья Г.О. Колаволе, не ставил никаких условий для его освобождения. Судья также приказал генеральному инспектору полиции Майку Окиро гарантировать защиту основных прав Масабы на жизнь, свободу и неприкосновенность частной жизни, закрепленных в конституции Нигерии 1999 года, через комиссара полиции штата Нигер. Масаба вернулся в свой родной город Бида 13 ноября 2008 года.

В июле 2011 года Муазу Бабангида Алию, губернатор штата Нигер, сказал; «Хотя у нас в государстве действует закон шариата, но у нас нет закона, ограничивающего его». Попытки правительства штата Нигер привлечь Масабу к ответственности не увенчались успехом из-за лазейки в законодательстве. Спикер Ассамблеи штата Нигер Адаму Усман сообщил, что несколько попыток привлечь Масабу к ответственности потерпели неудачу, поскольку в законе штата не было положений о его судебном преследовании.

Д-р Усман сказал: «Как генеральный прокурор, я лично предстал перед шариатским судом Минны в качестве прокурора, чтобы привлечь к ответственности этого человека, но позже узнал, что шариатские суды в штате Нигер не могут рассматривать это дело».

СМИ часто называют Масабу «мужчиной с 86 женами». Вопреки сообщениям некоторых СМИ о том, что Масаба развелся с 82 из своих 86 жен, он отказался развестись ни с одной из своих жен.

В 2011 году Масаба вновь появился в статьях о якобы заговоре с целью лишить семьи. Членам его семьи бандиты не позволили зарегистрироваться для голосования. Девять членов семьи Масаба были ранены бандитами всякий раз, когда пытались зарегистрироваться для голосования.

После того, как Верховный суд в Абудже постановил освободить Масабу из-под стражи, у него было еще 18 детей, всего 138. Масаба стал известен благодаря другому суперполигаму, Зионе Чане из Индии в 2011 году. В мае 2011 года у Масабы было 89 жен и 133 жен. детей, а у индианки Зионы Чаны было 39 жен, 94 ребенка и 33 внука.

В июне 2012 года Масаба дал интервью Джиде Оринтунсину, в котором разоблачил свою предполагаемую смерть и сказал:

«Большое количество жен? У меня всего 97 жен. Я женюсь на большем количестве. Я буду жениться на них, пока жив. божественна. Это миссия. И я буду продолжать жениться до конца времен. Я просто хочу предупредить тех, кто борется с количеством моих жен, чтобы они остановились, потому что эти люди ведут войну против Бога, своего создателя». Заявлено.

Ancentus Akuku Ogwela

По прозвищу Danger («опасность» по-английски), из-за своего обаяния, считавшегося неотразимым, полигамист женился в первый раз в 1939 году. Последний раз — в 1992 году.

Дэнджер скончался в больнице кенийского города Кисуму от осложнений высокого кровяного давления. «Меня зовут Опасным, потому что я победил многих мужчин, — сказал Акуку в интервью ВВС в 2000 году. — Я был очень красивым, и поэтому у меня было много женщин».

За свою жизнь Акуку развелся не менее чем с 30 женщинами. У кенийца было более 160 детей, хотя сам он утверждал, что потерял счет численности своей семьи.

По сообщению кенийской общественной станции КВС, из-за большого количества детей, внуков и правнуков Дэнджер построила церковь и школу для их обучения.

Многоженец приписывал долголетие своей диете, которая в основном состояла из овощей, традиционных продуктов и кисломолочных продуктов.

Акуку был частью племени луо, которое населяет западную Кению и где полигамия является древней традицией, которую церковь обычно терпимо.

BELIONGUENJHA FRANCISCO SABALO "TCHIKUTENY"

Человек с самым большим количеством детей в мире, Белионгенджа Франсиско Сабало Педро, или «Чикутени», как его называли.

Tchikuteny было 72 года и оставил более 150 детей. «Чикутенам» было то ли 72, то ли 69 лет, число разное, как и детям. Не вызывает сомнений то, что у него было более 150 и осталось 42 женщины. Он умер от рака простат Он жил на окраине города

Мосамедес, в провинции Намибе, конкретно на юге Африки - в Анголе. Несмотря на неопределенность в точном числе потомков Чикутень, известно, что оно всегда выше 150. Есть сообщения о 166, как сообщал RTP в 2019 году; или 154, как сообщал Público в 2014 году, а их число даже достигло 243, как сообщал Euronews в 2019 году (более 80 человек умерли за эти годы).

Всего в доме Чикутень было около 580 человек, в том числе 42 женщины, дети, внуки и правнуки. Журналисту де Анголе брат Франсиско Педро сказал, что Чикутень всегда старался сохранить семью.

Помимо того, что он был патриархом этой семьи, Чикутень был еще и духовным лидером этой общины. Из мукубальной этнической принадлежности он видел, что полигамия является культурно приемлемой. В 2014 году Público написал, что «дети, кажется, прекрасно ладят, независимо от разных матерей, которые видели их рождение».

Община Чикутень в Жирауле была основана в 1985 году. Говорят, что в 2014 году недалеко отсюда, в деревне Лиангуэла в Жираул-ду-Мейо, в «первый день 1951 года» (дата, которая не совпадают с ее возрастом, который выдвигают некоторые государственные органы). В 1972 году он станет отцом четверых детей.

Эти случаи, о которых мы упоминали выше, являются наиболее важными среди нескольких других случаев крайней полигамии, существующих в Африке. Важно анализировать и, прежде всего, уважать точки зрения, поскольку ни одна культура не выше другой.

С социологической точки зрения - эти случаи полигамии звучат как проступок или культура, но большое преимущество между этими тремя (3) случаями, которые мы упомянули выше (не то, чтобы это уместно), заключается в том, что одни и те же авторы не подвергаются бегству от отцовства. . Среди 3 случаев, которые мы отразили, ни один из полигамистов не освободился от своих обязанностей, в отличие от людей, которые, родив ребенка, освобождают себя от ответственности отца.

С БИБЛЕЙСКОЙ ТОЧКИ ЗРЕНИЯ - Мы знаем, что многие библейские персонажи имели более одной женщины, и в связи с этим обычно возникают некоторые вопросы: Что такое полигамия? Как понимать многоженство в Библии? Почему Бог допустил многоженство? Почему в Библии у благочестивых мужчин было более одной женщины?

ПОЛИГАМИЯ В ВЕТХОМ ЗАВЕТЕ

Полигамия практиковалась в ветхозаветные времена даже у богобоязненных мужчин. Однако первый зарегистрированный в Библии случай полигамии был с личностью безжалостного Ламеха, потомка Каина (Бытие 4:19).

Выдающийся патриарх Авраам также практиковал полигамию (Бытие 16:1-3; 25:1-6), как и его внуки Исав и Иаков (Бытие 26:34,35; 28:9; Бытие 29:21-35). Во времена израильских судей замечательный Гедеон был полигамным (Суд. 8:30), а у отца пророка Самуила тоже было две жены: Анна и Пенина (1 Цар. 1:1,2).

В период монархии полигамия также характеризовала брак многих королей. В этот период, очевидно, больше всего выделяются следующие случаи: царь Давид с несколькими женами и наложницами (1 Царств 25:40–43; 2 Царств 3:2–5; 5:13; 2 Паралипоменон 14:3); и царь Соломон, у которого было семьсот жен и триста наложниц (3 Царств 3:1; 11:1-3).

Верно и то, что Моисеев закон не запрещал полигамию, а регулировал ее (Исход 21:10). Такое регулирование было направлено на защиту прав и достоинства жен и зачатых ими детей, а также на то, чтобы отбить у мужчин охоту иметь гаремы (Второзаконие 17:17; 21:15-17; 3 Царств 11:3).

Кроме того, в Законе многоженство также не трактовалось как нарушение заповеди о запрете прелюбодеяния (Исход 20:14; ср. Бытие 39:9). В этом отношении прелюбодеяние состояло в том, чтобы взять чужую жену, но не иметь для себя более одной законной женщины.

Почему практиковалось многоженство?
Вообще говоря, полигамия практиковалась по разным мотивам. Цари часто практиковали полигамию для установления политических союзов, как это сделал царь Соломон, когда женился на дочери фараона, и царь Ахав, когда женился на царевне Иезавели (3 Царств 3:1; 16:31).

В другие времена полигамия практиковалась для увеличения потомства мужчины. В то время чем больше у мужчины было детей, тем лучше, особенно с учетом постоянных войн, которые значительно увеличивали смертность (ср. Судей 8:30; 1 Паралипоменон 7:4).

Также исходя из этого вопроса о происхождении, мужчина часто прибегал ко второй жене из-за бесплодия своей первой жены. Наконец, были и такие, которые женились на других женщинах из чувства или какой-то страсти.

Почему Бог допустил многоженство?

Во-первых, важно понять, что полигамия никогда не была первоначальным замыслом Бога в отношении брачных отношений. Когда Бог соединил Адама и Еву, Он очень ясно сказал: «Поэтому оставит человек другого и мать его, и прилепится к жене своей, и будут оба одна плоть» (Бытие 2:24).

Обратите внимание на употребление единственного числа в этом предложении, то есть мужчина должен цепляться за «свою жену», чтобы составить с ней одну плоть, а не «за своих жен», то есть Бог дал Адаму одну жену, а не несколько жен. .

Кроме того, как уже говорилось, первый случай полигамии в Библии произошел с Ламехом, нечестивым и развращенным человеком, после грехопадения человека. Это означает, что до зарождения греха в человечестве не было полигамии, а потому такая практика коренилась в испорченности человеческой природы.

Также нет библейского отрывка, который ставит полигамию в качестве правила супружеских отношений наряду с моногамией, напротив, полигамия всегда изображается как исключение. Следовательно, моногамный брак всегда является стандартом для принятия (Притчи 5:15-20; 12:4; 19:14). В связи с этим моногамия в браке также использовалась пророками как картина отношений между Богом и Его избранным народом (Исайя 54:1-8; Иеремия 2:1,2; 3:20).

Учитывая все это, лучший способ решить эту проблему — понять, что Бог никогда не одобрял полигамию, а только терпел и допускал ее как временную меру из-за ожесточения человеческого грешного сердца.

Так много спекуляций было выдвинуто, чтобы попытаться объяснить, почему Бог допускал полигамию. Основные из них указывают на то, что в то время женщина, не имевшая мужа, была совершенно беспомощна. Фактически, многие из них в конечном итоге прибегли к проституции как средству выживания.

В сочетании с этим верно и то, что мужское население было намного меньше, чем женское. Мужчины постоянно участвовали в войны, и обычно многие женщины становятся вдовами.

Таким образом, из-за общества, испорченного грехом и вовлеченного в различные ограничения, Бог, кажется, терпел многоженство и допустил регулирование в Законе на этот счет, особенно в милосердии к женщинам и их детям, чтобы защитить их от еще худшего. ситуация. в результате тотальной испорченности человечества.

РЕЗЮМЕ

Нет, полигамия недопустима! Даже в период Древнего Домостроительства, когда полигамные браки допускались Богом, Писание достаточно ясно изображает их ужасные последствия, которые разрушают семейное единство и гармонию и даже могут привести к гибели тех, кто вступает в брак (Бытие 16:4; 29:30; 30:1—26; 1 Царств 1:5—8; 2 Паралипоменон 11:21).

Уже во времена Нового Завета сам Иисус указывал на моногамный брак как на изначальный Божий образец брака, и что любое поведение, противоречащее этому, является результатом жестокосердия человека (Матфея 19:1-9).

В апостольский период Ранняя Церковь уже понимала, что типом супружеских отношений является моногамия, а не полигамия.

чего Бог желал для Своего народа (1 Коринфянам 7:1-2). Руководителям христианских общин была дана четкая рекомендация быть «мужем одной жены» (1 Тимофею 3:2-12; Титу 1:3-5).

Другой отрывок, ясно указывающий на важность моногамии в браке, — это сравнение апостолом Павлом моногамного брака с отношениями Христа и Его Церкви (Ефесянам 5:22-23). У Христа одна жена, Церковь, а у Церкви одна семья союз одной жены» (1 Тимофею 3:2—12; Титу 1:3—5).

Другой отрывок, ясно указывающий на важность моногамии в браке, — это сравнение апостолом Павлом моногамного брака с отношениями Христа и Его Церкви (Ефесянам 5:22-23). У Христа одна жена, Церковь, а у Церкви один муж, Христос.

Не следует также забывать, что полигамия, допущенная Господом, была включена в контекст Ветхого Домостроительства, где, согласно прогрессивному откровению Бога, многое было позволено, но когда Христос явился, принеся Новое Домостроительство, такие вещи были упразднены, и временное и несовершенное уступило место постоянному и совершенному, так что Сам Христос открывает полное намерение Бога для Своего народа.

Поэтому, хотя Бог и не находит в Библии явного запрета на полигамию, ясно можно увидеть, что полигамные отношения являются искажением первоначального замысла Бога в отношении брака и являются результатом греховной природы человека, вызывающей ужасные последствия. и большие страдания.

Глава VII

ПОЛИГАМИЧЕСКИЕ РЕАКЦИИ В АФРИКАНСКИХ ЖЕНЩИНАХ И МУЖЧИНАХ

В африканских обществах полигамия положительно воспринимается как приемлемая и действующая форма брака, в то время как моногамия ассоциируется с людьми с более низким социальным статусом, что делает полигамию продуктом властных отношений, имеющих культурные и социальные корни, экономические и политические.

Полигамия имеет и трансцендентные причины: мужчина, у которого будет больше детей, гарантировал бы себе и своей семье бессмертие. Настоящее исследование направлено на то, чтобы понять влияние полигамии на школьную успеваемость подростков. Вникая в хитросплетения полигамии, он делает это, представляя реальность, не вступая в оценочные суждения.

ЛЮБОПЫТСТВО

В Южной Африке одна из самых либеральных конституций в мире: она разрешает однополые браки для обоих полов и полигамию для мужчин.

Полиандрия, позволяющая женщине иметь более одного мужа одновременно, не регулируется — и сегодня находится в центре дискуссии об обновлении законодательства страны. Возможность того, что и женщины, и мужчины могут по закону иметь более одного партнера в браке, вызвала бурную реакцию среди консервативных кругов. «Это уничтожит африканскую культуру. А как насчет детей этих людей? Как они узнают, кто вы?» — спросил бизнесмен и телеведущий Муса Мселеку, у которого четыре жены.

«Женщина теперь не может брать на себя роль мужчины. Такого нет. Будет ли женщина теперь также платить «лобола» или «аламбаменто» (стоимость, которую будущий муж дает главе семьи невесты) за мужчину? ?, если мужчина использует свою фамилию?"

Другие, как лидер оппозиции Африканский христианско-демократический Партия (ACDP), преподобный Кеннет Мешу, заявил, что эта мера «разрушит общество».

«Придет время, когда один из мужчин скажет: «Вы проводите большую часть своего времени с этим мужчиной, а не со мной». И между двумя мужчинами будет конфликт», — добавил он.

ЖЕНСКАЯ РЕАКЦИЯ НА ПОЛИГАМИЮ

«Текущая ситуация напряженная — многие убеждения пошатнулись», — отмечает он.

«Мужчины были открыто полигамны или полилюбивы на протяжении поколений, но с женщинами обращаются так, как будто им должно быть стыдно, когда они находятся в такой же ситуации. В этом отношении еще многому нужно «разучиться».

В Африке уже несколько лет есть женщины, открыто заявляющие о себе как о поклоннице полиамории. Быть «поли» означает иметь возможность состоять более чем в одних отношениях при полной поддержке и доверии всех вовлеченных партнеров.

У нас есть единичный случай гражданки ЮАР, у которой в настоящее время есть два партнера-мужчины — «якорный партнер», с которым она помолвлена и с которым она также делит свою финансовую жизнь, и «партнер по удовольствию», от которого она получает сексуальные услуги. удовольствия или романтично, но встречается реже.

"Мы практикуем (так называемый стиль) настольную полиаморию, то есть знакомимся с партнерами друг друга», — говорит она. «Нам не обязательно ладить, но я хочу, чтобы это открытие было очень общим".

África do Sul discute legalização da poliandria

Сначала она не была уверена, стоит ли рассказывать об этом своей семье, но решила поделиться этим с ними около пяти лет назад, когда связь с ее якорным партнером, Мзу Ньямекела Нхлабаци, укрепилась. «Мой партнер по ведущему тоже полицейский, и я не хотел, чтобы моя семья могла столкнуться с ним в общественном месте с кем-то еще и запутаться».

Это было также время, когда нашей дочери исполнилось пять лет, и я начал свою активную деятельность. «Я появился на местном телевидении, выступая за полиандрию, и я не хотел, чтобы они узнали из какого-либо источника, кроме меня», — добавляет он.

Она говорит, что нашла некоторое признание среди членов

семьи, но подчеркивает, что впереди долгий путь. И он приводит недавний пример своей помолвки, когда якорный партнер решил следовать традиции лобола, по которой мужчина платит денежную сумму или товар семье своей будущей жены. «Они спросили меня, может ли другой мужчина когда-нибудь появиться и заплатить «выкуп за невесту», и я сказал им, что это может произойти».

"Мне нужно жить своей правдой, согласны они с этим или нет".

Укорененный в патриархате
Активисты проводят кампанию за легализацию полиандрии в Южной Африке в ответ на полигамию, созданную мужчинами, выступая за гендерное равенство, поскольку закон уже позволяет мужчине иметь более одной жены.

Это предложение было включено в документ, опубликованный правительством и открытый для комментариев в контексте крупнейшего пересмотра брачного законодательства с момента окончания правления белого меньшинства в 1994 году. В документе также предлагается дать юридическое признание мусульманским, индуистским, еврейским бракам и Растафарианцы, в настоящее время считающиеся недействительными.

Мувумби говорит, что это предложение «похоже на ответ на молитву». Для нее опасения, возникшие вокруг полиандрии, коренятся в патриархате.

Профессор Коллис Мачоко, известный ученый в области полиандрии, видит это так же. «С приходом христианства и колонизации роль женщин уменьшилась. Они больше не равны. Брак стал одним из инструментов, используемых для установления иерархии». Он утверждает, что полиандрия уже практикуется в

Кении, Демократической Республике Конго и Нигерии и до сих пор практикуется в Габоне, где это разрешено законом. «Вопрос детей прост. Дети этого союза — дети семьи», — добавляет он.

«Это другая борьба» Мувумби понял, что патриархальные ценности проникли в некоторые из его прошлых отношений, и с тех пор ему стало легче быть с партнерами, которые также являются адептами полиамории. Многие мужчины говорили, что у них нет проблем с тем, что я «поли», но в тот или иной момент они не принимали это», — вспоминает он.

«Мой тип полиамории — это не тот, где я пытаюсь иметь столько любовников, сколько возможный. Речь идет об установлении связи с кем-то, если вы так считаете». Она познакомилась с двумя своими партнерами через интернет-группу, целью которой является объединение «поли» людей в Южной Африке.

Поскольку страна обсуждает юридическое признание полиандрии, она создает онлайн-платформу под названием Open Love Africa в сотрудничестве со своим основным партнером. Одна из ее целей — проповедовать «этическую немоногамию».

«Сообщество поддерживает чернокожих, но оно по-прежнему инклюзивно. Мы надеемся расширить его по мере продвижения».
«Это подарок для людей, которые счастливы быть немоногамными — я надеюсь, что они найдут свое племя и не чувствуют необходимости жить во лжи». И, как и в любой другой драке, добавляет он, на противоположной стороне всегда будут люди.
«Когда моя мать была беременна мной, она протестовала против того, чтобы женщины могли иметь доступ к противозачаточным средствам без согласия мужчины. Тогда это была другая борьба, и сейчас для меня это другая борьба». Сотрудничал с Пумзой Филани.

ПРИЧИНЫ И ПОСЛЕДСТВИЯ ПОЛИГАМИИ

Уход из дома, несоблюдение пособия, побег от родителей, ссоры из-за ревности, моральные и телесные проступки — вот основные беды, которые являются следствием полигамии, явления, поражающего людей из разных социальных слоев и способствующего расколу многих ангольцев. семьи.

В провинции Куанза-Норте, например, за последние пять лет было зарегистрировано 3404 случая домашнего насилия, связанного с полигамией. Провинциальный директор организации «Семья и гендерное равенство» Виктория Брага считает полигамию культурной проблемой на африканском континенте и препятствием для социально-экономического развития семей. «Это одно из зол, которое разрушает семьи из-за психосоциального воздействия, которое оно оказывает.

причины на семьи», — сказал он, а затем добавил, что полигамия также является одной из основных причин домашнего насилия.

Социологи отмечают, что полигамия носит аморальный характер и может способствовать провалу эмансипации женщин, отрицая равноправие между ними и мужчинами. Он объяснил, что полигамия превращает женщину в инструмент удовольствия, воспроизводства и дешевой и покорной рабочей силы.

«Полигамные мужчины не способны даже сексуально удовлетворить своих жен, что приводит к разводам и изменам», — отмечает эксперт. Пиментел да Консейсао подчеркивает, что процесс воспитания детей и привязанность в полигамных семьях уменьшаются из-за отсутствия внимания со стороны отца и невозможности создать дома атмосферу общности любви и отношений.

По мнению социолога, полигамия — это способ продолжения рода и одна из основ культуры банту. «Самая выгодная инвестиция мужчины банту — женщина. Следовательно, большее количество женщин также означает увеличение труда и богатства. Поэтому в некоторых общинах банту запрещено иметь больше женщин, чем количество женщин». Босс , чтобы не умалять его престижа и авторитета», — подчеркнул он.

Пиментел да Консейсау пояснил, что многие лидеры общин Банту консолидируют власть посредством супружеских союзов, с другие группы, где полигамия служит политической цели.

Поясняется, что в основном в феминистских обществах полигамия позволяет всем женщинам достичь самореализации, занять социальное положение жен и матерей и поддерживать друг друга в браке.

ПРАВОВОЙ КОНТЕКСТ ПОЛИГАМИИ В АНГОЛЕ

Вопросы, связанные с полигамией, в основном связаны с социальными и культурными факторами, согласно которым мужчина не должен иметь только одну женщину, у него должно быть несколько, чтобы подчеркнуть свою мужественность.

Полигамия является частью культуры многих человеческих обществ, но обычно имеет экономические причины. В результате войн, в которые были вовлечены многие народы и в которых участвовали в основном мужчины, многие женщины и их дети остались вдовами и сиротами, и одним из способов оказания помощи этим людям, лишенным средств к существованию, был брак.

Юрист Давид Франсиско утверждает, что в Анголе полигамия существует в сельских общинах, где она установлена в рамках обычного права. Специалист определяет это явление как тип отношений, предполагающий одновременный брак более чем с одним человеком.

По словам юриста, Семейный кодекс Анголы в статье 20 определяет, что брак является добровольным союзом между мужчиной и женщиной, который, по его мнению, предполагает отсутствие полигамии среди ангольского населения с точки зрения прохлады. и концептуальный вид.

Он добавляет, что по наследственным причинам полигамия должна быть отделена от жизненной перспективы современного ангольского мужчины, руководствующегося позитивным законом (законом, установленным государством), который противоречит реальности сельской жизни.

сами сообщества. Объясняли, например, что старшему, живущему в деревне, с двумя и более женщинами нельзя сказать, что отныне у него должна быть только одна партнерша. В этом случае, по словам Дэвида Франсиско, необходимо рассмотреть вопрос об отделении термина «полигамия» от обычного права, не установленного государством, хотя это и относится к регуляризованному позитивному праву, установленному государством.

«Если, кроме супруга, есть любовник, то мы не при наличии полигамных отношений, даже если отношения вне брака продолжительны, так как брака нет, это отношения без знания и без институционализированного общественного признания», — засвидетельствовал он.

ЯВЛЕНИЕ В АФРИКЕ

В 2014 году правительство Кении приняло закон, легализующий полигамию в стране. Эта мера получила широкую поддержку кенийских политиков, но была отвергнута женщинами в парламенте. В прошлом месяце парламентарии покинули заседание, на котором мужчины проголосовали за законопроект, сообщила британская сеть BBC.

Условия кенийского законодательства гласят, что мужчины могут жениться более чем на одной женщине без уведомления своего нынешнего партнера. Тогда парламентарии утверждали, что решение по этому поводу коснется структуры всех семей, поскольку для соблюдения закона необходимо изменить финансовые и социальные аспекты. Меру также отвергли религиозные лидеры страны, раскритиковавшие существующее несоответствие между нормами и принципами религии, касающимися институтов брака и семьи.

«Если эта мера будет принята в качестве закона, она унижает женщин, поскольку не соблюдает принцип равенства женщин в браке», — говорится в заявлении архиепископ Тимоти Ндамбуки из Национального совета церквей Кении до того, как Кениата подписал законопроект.

Мали является независимой страной с 1960 года, светской и демократической, и около 90 процентов населения составляют мусульмане. В этой африканской стране полигамия по закону определяется как гражданский или религиозный брак, в котором мужчина может иметь до четырех жен. Законодательство Мали признает правовой статус как полигамных, так и моногамных брачных режимов (Закон № 62-17 НС-РМ от 3 февраля 1962 г.).

Обязательство моногамии может быть сделано в брачном контракте или во время празднования.

Законодательное собрание штата Юта, США, приняло закон, декриминализирующий полигамию. Закон изменяет категорию полигамии с преступления на «правонарушение» по сравнению с нарушением правил дорожного движения, но несколько лидеров полигамных сообществ в этом округе протестовали против принятия закона.

Одним из оправданий принятия закона было «выведение полигамных сообществ из тени», поскольку лидеры этих сообществ использовали старый закон, криминализирующий полигамию, чтобы держать членов полигамных семей в ежовых рукавицах. что если они обратятся в полицию с заявлением о других преступлениях, им придется признать, что они полигамны, и поэтому они будут арестованы и привлечены к ответственности.

Новый закон создал механизм, аналогичный удостоенному наград осведомителю, который гарантирует защиту тем, кто сообщает о преступлениях, совершенных в обществе. Максимальное наказание за определенные преступления, совершенные в общинах, увеличено с пяти до 15 лет.

По словам Джудит Бергман в ее статье о скрытой статистике Европы, такие страны, как Англия, Голландия, Швеция и Франция, признают полигамные мусульманские браки, особенно если они были заключены за границей при определенных обстоятельствах, например, если брак является законным в стране, в которой он был заключен.

В Германии, по оценке 2012 года, только в Берлине 30 процентов всех арабских мужчин были женаты более чем на одной женщине.

Специалист по эволюционной биологии и антрополог Руи Диого из Университета Говарда в Вашингтоне (США) утверждает, что полигамия естественна для людей, утверждая, что моногамия была создана женщинами навязыванием. «Если бы моногамия была естественной, нам не пришлось бы издавать законы и убивать людей из-за полигамии. Они не издают законов о сне или пьянстве. Но людей убивают за то, что они не моногамны», — защищает он. Руи Диого гарантирует отсутствие биологических оснований. за моногамию. «Самки шимпанзе, похожие на людей, взаимодействуют в среднем с восемью самцами в месяц», — сказал он.

В МИРЕ ЖЕНЩИН БОЛЬШЕ, ЧЕМ МУЖЧИН

Почти в каждой стране Европы и Америки женщин больше, чем мужчин, и Африка не исключение. Во время великих событий, происходивших на континенте, таких как колониализм, рабство и войны, мужчины всегда находились на «передовой».

Азия — континент с наибольшим количеством мужчин. В Китае, согласно отчету ООН, доля мужчин составляет 108 мужчин на каждые 100 женщин, а в Индии разница составляет 107 мужчин на каждые 100 женщин. В Восточной Европе на каждые 100 женщин приходится 88 мужчин, а в других частях Европы этот показатель достигает 96 мужчин на каждые 100 женщин. Согласно тому же отчету, в Южной Америке на каждые 100 женщин приходится в среднем 98 мужчин.

Специалист по международным отношениям Аугусто Бафуа говорит, что в России из-за гибели более 20 миллионов граждан, в основном мужчин, во время Второй мировой войны, сегодня наблюдается самый большой дефицит граждан мужского пола в мире. Разница примерно на 12 миллионов больше женщин, чем мужчин. В этой европейской стране некоторые женские течения, одинокие, защищают одобрение полигамии.

В Южной Африке из-за гражданской войны с 1961 по 1990 год мужчин также больше, чем женщин. В этой стране установлена полигамия обычного права, когда мужчина может иметь более одной женщины.

В Мозамбике вооруженный конфликт с 1964 по 1993 год вызвал дефицит мужчин по сравнению с женщинами на один миллион. Там мусульмане практикуют полигамию. Сьерра-Леоне, с другой стороны, имеет самое большое гендерное неравенство в мире, особенно в отношении граждан моложе 15 лет.

В Анголе, вероятно, из-за длительного периода вооруженного конфликта, последняя перепись, проведенная в стране в 2014 году, подтвердила, что женщин на 700 000 больше, чем мужчин.

ПОЛИГАМИЯ В АНГОЛЕ?

Практически сразу после объявления в соцсетях поднялся ажиотаж. Повсюду были молодые ангольцы, особенно мужчины, которые ликовали по поводу данных и интерпретировали заявление президента по-разному, при общем согласии в пользу полигамии.

Хотя это кажется шуткой, тема эта весьма серьезна и требует тщательного анализа, поскольку, как бы невероятно это ни казалось, она уже сильно опустошает ангольский молодежный слой.

Полигамия — это система, при которой человек имеет более

одного партнера одновременно. Термин имеет греческое происхождение и означает множественные браки. Мы склонны использовать этот термин для обозначения мужчин, состоящих более чем в одном браке, но на самом деле полигамия делится на две части: полигамию, которая в данном случае относится к предыдущему примеру (наиболее распространенному случаю), и полиандрию, когда у женщины больше чем один партнер.

Мы постоянно совершаем ошибку, связывая полигамию с прелюбодеянием, что обычно происходит, когда преданный человек, считающий себя состоящим в браке, вступает в другие отношения, о которых никто или только один из других не знает. В случае полигамных отношений все участники знают и приспосабливаются к ситуации, в которой они оказались.

По правде говоря, полигамия — это часть истории эволюции человека. Самая старая книга в мире, Библия, говорит нам, что некоторые из ее выдающихся персонажей были полигамны: например, Авраам, Иаков, Давид и Соломон имели несколько жен. Другие книги, которые следуют, такие как Коран, который признает и упоминает Ветхий Завет Библии, нынешнюю книгу Торы евреев, напоминают, что Мухаммед также был полигамным, на самом деле, эта практика до сих пор принята в мусульманских странах. где мужчины могут иметь максимум до четырех женщин, тогда как христианство сегодня отвергает такую практику.

А, потому что, вопреки тому, что думают многие молодые люди (мужчины), эти высокие цифры не являются особенностью Анголы. Текущие статистические данные показывают, что примерно 50,5% населения мира составляют женщины. Предположим, что так было в средние века, когда жестокие войны за завоевание земель приводили многих мужчин к преждеврем-

-менной смерти, увеличивая их еще больше.

Эти проценты, и предполагая, что в то время мужчина был патриархом семьи, был сделан вывод, что женщинам было практически невозможно прокормить себя, не прибегая к рабству или проституции. Отсюда необходимость существования полигамии для защиты и обеспечения женщин, которые в противном случае, вероятно, не нашли бы себе мужа.

В Африке полигамия тоже существовала на протяжении многих веков, но, по мнению историков, одним из самых больших предубеждений людей является мнение, что эта привычка распространена по всему континенту. Ориентируясь на юг Африки по понятным причинам, известно, что первыми народами, населявшими эти земли, были койсаны и здесь уже говорилось, что они были и являются моногамными.

У некоторых народов, появившихся позднее из Западной Африки, расселившихся на незанятых территориях, таких как зулусы, коса, байлундо, мукубаи и мумуила, полигамия была действительно присуща, но по факторам, не всегда связанным с кукумисценцией (половым влечением) мужчин и да выполнению социальных обязательств, направленных на укрепление связей между семейными группами или родами. Когда мотив не был связан с политическими союзами, были случаи, когда овдовевшие или брошенные женщины нуждались в семейном человеке, который поддерживал бы ее и ее детей.

В настоящее время с независимостью женщин и растущей способностью обеспечивать себя, обычай полигамии исчез на всем континенте. Те немногие, кто поддерживает эту практику, утверждают, что, имея более одной женщины, они просто чтут свои обычаи, но это мужчины, которые, в отличие от мукубаи и мумуила, не сопротивлялись интеграции. Даже во время войны мукубаи и мумуила не покидали свою территорию, даже сегодня, когда незамужние женщины ходят голыми по пояс, украшенные ожерельями и прыгунами, браслеты перемазаны бычьими фекалиями. Мужчины только шкурами покрываются и не сдаются.

Поэтому молодые люди, которые хотят вернуться к своим истокам, должны делать то, что должны, а не наполовину. Сегодня они уже не могут заявлять, что войны стали жертвами нескольких отцов, и поэтому они используют полигамию как метод филантропии. Они также не могут утверждать, что им нужно более одной женщины для создания политических и территориальных союзов.

Им также не нужно так сильно беспокоиться о цифрах, озвученных президентом, поскольку они еще не определили, сколько из этих мужчин и женщин являются детьми, пожилыми людьми, молодежью, геями и лесбиянками.

Чего они не могут, так это пользоваться правами общества, организованного с помощью законов и обязательств, в то же время, когда они наслаждаются его дезорганизацией с помощью племенных привычек и обычаев в знак протеста против того, что они чтут свое происхождение.

Президента ЮАР несколько раз приводят в пример полигамного мужчины в современном обществе. Джейкоб Зума имеет более одной жены, но это соответствует браку, признанному законом обычного права Южной Африки. Южноафриканские мужчины могут пользоваться этим правом только в том случае, если они не состоят в браке в соответствии с гражданским законодательством, запрещающим полигамию. Южноафриканский мужчина мог перейти от гражданского брака к обычному, только отказавшись от первого, т.е. развод в гражданском браке был бы неизбежен.

В Анголе полигамия сначала нарушает моногамный принцип, абсолютное тысячелетнее правило, возведенное в качестве правового актива, заслуживающего уголовной защиты, и проект Уголовного кодекса Анголы предусматривает преступление двоеженства в своей статье 221. Затем полигамный брак требует подвергнуть сомнению принцип равенства супругов, признанный в нашей Конституции, в статьях 35 и 23.

Как сказала бывший министр юстиции д-р Гильермина Прата, «нет, о том, чтобы проповедовать людям об их интимной жизни, это о том, чтобы столкнуться с огромной социальной проблемой». Конечно, что бы ни говорила в шутку молодежь, многоженство зависит не только от мужчины, ведь когда один не хочет, двое не делают, но предполагая, что мы будем будущими устоями этой нации и с многому, чтобы научить наших детей, удобно, давайте теперь подумаем, какой тип общества мы намерены создать (мужчины и женщины) и представить миру, особенно когда мы намерены установить такие принципы, как цивилизация, демократия и современность.

РАЗМЫШЛЕНИЕ О ПОЛИГАМИИ

Луанда. Практически во всех странах мира женщины составляют большинство, и Африка не является исключением из этого правила. С великими бедствиями, случившимися на континенте за последние 5 веков, такими как Колониализм, Рабство, Работорговля, Войны. В этих бедствиях человек всегда был на переднем крае, как и Первая и Вторая мировые войны в Европе, унесшие миллионы европейцев, особенно русских, войны в Африке, унесшие на смерть огромное количество африканцев, особенно мужчин.

Источник: Club-k.net

По этим причинам мы находим в этой Африке некоторые страны, где женщины составляют 51, 52 или даже 53% населения, эта разница не так велика в странах, где их население не превышает 5 миллионов, так как такая же процентная разница ощущается в страны, которые достигают 50 млн. Это несоответствие, достигающее в некоторых странах более чем на миллион женщин больше, чем мужчин, делает несостоятельным принцип, введенный христианской доктриной с колониализмом «Один мужчина, одна женщина». Хотя бесспорно, что в Африке многоженство является древним обычаем, с этими войнами помимо смертей, многие африканцы эмигрировали и не вернутся, многие вернутся с иностранками, многие стали геями, наконец, все это еще больше углубило эту практику Полигамия.

В России из-за гибели 20 миллионов граждан во Второй мировой войне, большинство из которых мужчины, сегодня у нее самый большой дефицит граждан мужского пола в мире (при профиците там женщин на 12 миллионов больше, чем мужчин) и, следовательно, мужское население неверность - обычная практика. Несколько бегунов были сделаны им группами одиноких женщин, чтобы одобрить мировую войну, в которой в основном мужчины, сегодня самый большой дефицит граждан мужского пола в мире с избытком на 12 миллионов женщин больше, чем мужчин) и поэтому мужская неверность обычная практика. Группы одиноких женщин устроили туда несколько бегунов, чтобы одобрить полигамию.

В Южной Африке в связи с Гражданской войной с 1961 по 1990 год, а также существующей там прочной традицией полигамии, а также тем фактом, что женщины также составляют большинство, поэтому полигамия обычного права устанавливается там, где мужчина может иметь более одной женщины и ограничения на количество жен.

В Мозамбике из-за длительного периода вооруженного конфликта с 1964 по 1993 год дефицит мужчин по отношению к женщинам составляет 1 миллион человек. Там только мусульмане имеют право на полигамию.

В Сьерра-Леоне наблюдается самое большое гендерное неравенство в мире среди населения моложе 15 лет, где женщины составляют подавляющее большинство и с тенденцией к увеличению со временем, мы должны помнить, что эта страна пережила длительный период гражданской войны. Именно в Западной Африке полигамия наиболее распространена на континенте из-за исламской веры. В Анголе (вероятно, также из-за длительного периода вооруженного конфликта с 1961 по 2002 год) перепись 2014 года подтвердила, что женщин на 777 000 больше, чем мужчин, просто чтобы увидеть, что они составляют большинство в яслях, школах, университетах, на рынках, в семьях. , в партиях, хотя они не в исполнительной власти, в собрании, в судах. Это число Колоссально и Страшно, оно может заполнить 14 ноября 11 стадионов, заполненных женщинами без мужчин. Я знал деревню в Кванзасуле, там было 400 взрослых, 100 мужчин и 300 женщин, невзирая на законы, старейшины решили практиковать полигамию, так как ближайшая деревня была в 180 км, и никто из жителей деревни не хотел искать мужа до сих пор. . В результате опросов также было установлено, что во всех компаниях «Охрана» имеется 2, 3 и более женщин с наибольшей естественностью, с тенденцией к увеличению этого числа по мере смены ими должностей. Практика полигамии очень распространена на самом деле и на окраинах больших городов, достаточно сделать Просьбу/ Изменение семьи невесты, устроить ей место жительства и все хорошо неважно (много) если она Первая , Второй или Третий.

Практика полигамии также очень распространена среди африканской элиты, нередко можно увидеть президентов,

министров, заместителей, губернаторов, послов, африканских администраторов с более чем одной женой, это даже создает некоторые затруднения для некоторых протокольных и государственных служб, таких как например, президент Южно-Африканской Республики Зума. Вопрос, который не хочет замалчиваться:
Кому выгодна полигамия, мужчине или женщине???

Если принять во внимание, что полигамия не является обязательной, то есть ни один мужчина не обязан иметь 3, 2 или даже 1 жену, а также что ни одна женщина не обязана иметь мужа, быть «одинокой», «первой», «второй». «Третья» или любая другая позиция, Полигамия НЕОБЯЗАТЕЛЬНА (для обоих полов), поэтому приносит пользу обоим. Есть течения, которые говорят, что полигамия приносит больше пользы мужчинам, потому что они могут «наслаждаться» более чем одной женщиной с чередованием и регулярностью.

Есть и другие течения, которые говорят, что больше всего выигрывает женщина, поскольку, будучи большинством населения и часто исчисляясь миллионами, если бы не полигамия, эти женщины не имели бы возможности иметь мужа, тем более иметь детей. Чтобы дополнить эту идею, они утверждают, что тот, у кого нет сестры, двоюродной сестры, тети, соседки, коллеги, кто не является понедельником (или третьим), тот, кто старше 30 лет и (отчаянно) холост и хочет быть «на по крайней мере, только в понедельник" »и по (с)последовательности «хотя бы один ребенок».

Это факты и аргументов против фактов нет, цифры есть, женщины СОСТАВЛЯЮТ БОЛЬШИНСТВО. Они есть, они «больше», они хотят своих прав человека, своего мужа (совместного или нет), своих детей (в рамках брака в пределах лембаменто) Случай для размышлений.

От: **Augusto BáfuaBáfua**

Глава VIII

ОКРУГ ДЛЯ ЛУЧШЕГО ПУТИ

Прежде всего, спасибо, что зашли на эту страницу, мы благодарны за терпение, которое вы сопровождали нас... мы рекомендуем вам прочитать ту часть, которую мы считаем лучшей, которая представляет собой краткое объяснение, далекое от человеческого знания .

Секс и Библия

Чему Библия учит о сексе?

Она действительно запрещает секс до брака?

Вы учите, что мастурбация - это грех?

Наложил ли Бог ограничения на секс?

Знайте, как важно знать силу, существующую в сексе, и особенно принципы, по которым Бог создал его.

Что вы знаете о сексе?

Исходя из мировоззренческих представлений, чем раньше начинается «опыт» секса, тем лучше будет понимание предмета и тем лучше будет сексуальная активность в будущем. Но так ли это на самом деле?

Будет ли поддаваться сексу, не зная его цели и силы, а часто и не имея необходимой ответственности за последствия, действительно лучшим вариантом?

Единственный надежный источник, который у нас есть, чтобы ответить на эти вопросы, — это Библия, в конце концов, никто лучше не научит нас сексу, чем тот, кто сотворил секс (Деяния 17:24a).

удовольствие от секса

Секс способен доставить одно из величайших удовольствий, которые мы можем испытать в жизни (Притчи 5:18-19). Это то, что затрагивает самые глубокие чувства, эмоции и желания человека. Большая проблема в том, что это может происходить как положительно, так и отрицательно;

ибо хотя секс и был сотворен Богом как нечто доброе, чистое и совершенное (Быт. 1, 31), после вхождения греха в мир человек приобрел способность употреблять его и во зло (Мк. 7, 21-23).

Единственная возможность, которая у нас есть, пользоваться всеми преимуществами секса, не подчиняясь ему и не попадая в его тюрьму, — это обратиться к Богу и к тому, чему Он учит нас о сексе (Притчи 5:1-2).

сила секса

Бог не только создал секс, Он также сделал его заповедью. В первый раз, когда он заговорил с человеком, повеление было: «Плодитесь и размножайтесь!» (Быт. 1.28), то, что возможно только через секс.

Другое указание, которое Бог дал мужчине в отношении секса, заключалось в том, что в определенный момент своей жизни он должен оставить своих родителей и соединиться с женщиной (Бытие 2:24).

В то время как секс обладает силой размножаться и рождать новые жизни, он также может объединять двух людей в одну плоть (Марка 10:7-9, Еф. 5:31).

цель секса

Секс требует ответственности и понимания (7:1-5). По этой причине важно понять не только силу, которая существует в сексе, но особенно цели и принципы, по которым Бог создал его.

1. Семья
Первый из них – создавать семьи, а не просто рождать детей (Пс. 127:3). В конце концов, жизнь ребенка зависит от заботы; ему нужна любовь, привязанность, поддержка. Даже родители несут ответственность за воспитание и формирование характера ребенка (Притчи 22:6).

Просто «выпустить детей на свет», не беспокоясь об этом, — значит отклоняться от основной цели секса (1 Тим. 5:8). И чтобы этого не произошло, другим Божьим принципом в отношении секса является обязательство, то есть брак (1 Кор. 7:2).

2. Брак
Библия не рассматривает секс как таковой как брак, она учит, что перед половым актом между парой должно быть публичное свидетельство об обязательствах между мужчиной и женщиной (Мф 1.18-19, 1Кр 7.9, 1Кр 7.36, Евр 13.4) .1

Однако, как только это обязательство установлено перед законом и мужчинами, именно половые отношения укрепляют брак перед Богом (Бытие 24:67).

И оттуда двое становятся одной плотью. Библия учит, что теперь тело мужчины принадлежит его жене, а тело жены принадлежит мужчине, и что одно не должно отвергать другого (1 Кор. 7:4-5а).

3. Доставить удовольствие супругу
Отсюда можно понять еще одну важную цель секса: доставить удовольствие другому (1 Кор. 7.3), «владельцу» своего тела. Секс — это отдавать другому то, что принадлежит ему (Песнь 2.16).

Вот почему самоудовлетворение, возникающее в результате

мастурбации, является искажением пола. Библейский принцип сексуального удовольствия заключается в том, чтобы доставлять его не себе, а супругу (Песнь 1.2, Песнь 4.10).

Половая безнравственность (porneia)
Любые половые отношения вне брака, независимо от контекста, являются сексуальной безнравственностью (1 Фес. 4.3); рассматривается Богом как проституция (1Кор 6.18).

Греческий термин, используемый для обозначения незаконных половых сношений, — порнейа (πορνεία — пор-ни'-ах). Имея возможность проявиться через прелюбодеяние (Мф 19:9), когда один из людей женат; блуд (Мф 15:19), если половая связь между двумя неженатыми людьми; инцест (1Со 5.1), когда в нем участвуют близкие родственники; гомосексуальность (Рим. 1:26-27), когда речь идет о людях одного пола; педофилия (Еф. 5:12), если речь идет о детях; и зоофилия (Второзаконие 27:21), если речь идет о человеке и животном.

Последствия незаконного секса
Последствия для тех, кто практикует сексуальную безнравственность, почти всегда разрушительны, особенно для христианина, который оскверняет свое тело, являющееся храмом Святого Духа, и вступает в союз с проституцией (1Кор 6:15-20).

С чего начинается сексуальный грех?
Но связан ли сексуальный грех только с физическим актом или он начинается раньше?

Иисус сказал, что всякий, кто смотрит на женщину с вожделением, уже прелюбодействовал с ней в сердце своем (Матфея 5:28).
Этот отрывок открывает нам, что сексуальный грех начинается гораздо раньше, чем обычно думают (Мф 15:19). Но также ясно,

что это не просто вопрос взгляда, это выходит за рамки оценки красоты или естественного влечения, грех заключается в сексуальном желании кого-то, кто вам не принадлежит (Второзаконие 5:21).

И часто это греховное сексуальное желание действует на женщину иначе, чем на мужчину. В то время как у мужчин это больше связано с желанием во взгляде (Притчи 6.25), у женщин, как правило, оно проявляется в чувственном поведении и обнажении тела, чтобы быть желанным (1 Тим. 2.9а, Притчи 11.16). Возбуждая в другом желание, которое не может быть удовлетворено законным путем.

Греховное половое влечение (асельгея)
Греческое слово, используемое в Библии для обозначения этого вида греха, — аселгия (ἀσέλγεια — as-elg'-ia), и оно связано с серией греховных половых актов.

желаний, оно может быть переведено как похоть (Гал. 5.19), похоть, сладострастие (1Пт. 4.3) или порнография, но также связано с полным развратом и непристойностью (Рим. 13:13). Когда уже не будет заботы о свидетельстве перед людьми (Еф. 4:19). Желание секса и поиск удовлетворения уже стали гораздо более важными, чем послушание и страх Божий (Рим. 1:24).

Опасность этого типа греха заключается в том, что он почти всегда сначала кажется безобидным (Притчи 14:12), часто это просто фотография, которую вы разместили, или профиль, на который вы подписались в социальных сетях.

Дело в том, что со временем то, что когда-то было причиной, может стать привычкой, а привычка — совершенно разрушительной зависимостью (Иакова 1:14-15), до такой степени, что Иисус делает одно из самых радикальных заявлений против греха, которые мы находим. в Библии, где сказано:

«Если твой правый глаз соблазняет тебя, вырви его и брось. Лучше потерять часть своего тела, чем быть брошенным в ад. И если твоя правая рука вводит тебя в грех, отсеки ее и выбрось. Лучше потерять часть своего тела, чем отправиться в ад». Матфея 5:29-30.

Вечные последствия

Помимо того, что сексуальный грех может полностью скомпрометировать эмоциональную, социальную и психологическую жизнь человека (5:20-23), он может иметь гораздо худшие последствия: вечное осуждение (Откр. 21:8).

По этой причине Библия однозначно утверждает, что отношение к греху должно быть радикальным (Иов 31:1, Евр 12:14), и что хождение в святости — это не выбор, а заповедь (1Пет 1:15-16). Живущие в нечистоте, занимающиеся блудом или питающие незаконные сексуальные желания, будь то в себе или в других, Царства Божия не наследуют (Еф. 5:5; Гал. 5:19-21).

Покаяние

Единственный путь — это покаяние (Деян. 17:30). Иисус Христос готов простить и очистить (1 Иоанна 1:9) каждого, кто кается в грехах и решает жить новой жизнью (Еф 2:1-7). Он принимает решение, за которым следует изменение поведения (Евр. 10:26-27).

Иисус — единственный, кто может изменить наш разум и полностью восстановить нашу жизнь (Кол. 1:13-14), независимо от того, что мы уже испытали в этой области (Евр. 9:14). Во Христе мы новое творение, и все становится новым (2Кор 5:17), включая нашу сексуальность.

Божья воля

Божья воля состоит в том, чтобы и мужчина, и женщина сохраняли себя для брака (Быт. 24:15-16, 2Кор. 11:2, Лев. 21:13-15). Настолько, что Божья заповедь для пары, которая с трудом контролирует себя, состоит не в том, чтобы предаваться сексу, а в том, чтобы заключить брак (1 Кор. 7:9).

Понятно, что оставаться девственницей до замужества — очень большая проблема (Рим. 12:2), в основном из-за давления со стороны общества (1 Ин. 5:19), которое все больше поощряет раннее вступление в половую жизнь (Пс. 14:1).

Но правда в том, что не только Библия, но даже научные исследования показывают, что сексуальное ожидание порождает чувство незащищенности, эмоциональной нестабильности, ревности, а также развивает предрасположенность к супружеской неверности.

Лучший путь

Нужны вера, мудрость и терпение, чтобы ожидать Бога (Еккл 3.1, Притчи 19:14), то есть отказаться от любых любовных отношений вне времени, цели или условий, необходимых для брака (Притчи 24:27).

Между тем, идеал состоит в том, чтобы лучше узнать Бога (1Кор. 7:32-34) и лучше узнать людей (1Тим.5:1-2). Многие игнорируют тот факт, что главными пунктами отношений Бог установил дружбу и преданность (Еф. 5:33, 1Пт. 3:7), а не секс.

Помимо того, что не увлекаться только физическим влечением (Пр 31.30), необходимо по-настоящему знать человека, знать его мотивы, его идеалы, его мечты и, главное, его отношения с Богом

(Мф 12: 33).

Теперь, если простой физический контакт отношений усложняет все это, представьте себе секс (2 Тим. 2:22)! Секс — это высшая точка близости между двумя людьми, и поэтому он никогда не должен предшествовать дружбе и преданности (Мф 1. 24-25).

секс, благословенный богом
Не стоит рисковать согрешить, выходя за пределы того, что удобно (1Кор 6:12-13). В свиданиях, например, ограничивайте себя тем, что можно делать перед другими людьми, не вызывая при этом никакого смущения (Флп. 2.15).

В браке будьте полностью свободны в сексе. Только будьте осторожны, чтобы не привносить в отношения внешние элементы, являющиеся результатом порнографии (Песнь 4.12, Евр. 13.4).

Кроме того, Божья воля состоит в том, чтобы вы вели полноценную сексуальную жизнь и доставляли все необходимое удовольствие своему супругу (Песнь 7.6-13). Винить в этом нечего, ведь в браке отсутствие секса – грех.

Точно так же, как Библия запрещает секс вне брака, она предписывает секс в браке (1 Кор. 7:3). Единственное исключение, если между супругами есть соглашение посвятить себя молитве, но это только для короткий период, иначе один должен удовлетворять потребности другого (1Co 7.5).

Наслаждение сексуальным удовольствием и близостью с любимым человеком (Притчи 18:22) в контексте, где существует Божье благословение (Иоанн 14:27), выходит далеко за пределы крайне ограниченного взгляда мира на секс.

БЛАГОДАРНОСТЬ

В первую очередь я благодарю Всемогущего Бога, который дал мне дыхание жизни и дал мне возможность размышлять на этом уровне, что привело к этой работе, которая для меня имеет большую ценность.

Успех этого проекта стал возможен только благодаря поддержке, сотрудничеству и доверию некоторых людей, которые помогли воплотить его в жизнь. Поэтому мы решили выразить нашу благодарность здесь.

Мы считаем необходимым поблагодарить, в первую очередь, тех, кто верил в проект, когда это была всего лишь идея, особенно г-жу Леонтину Мануэлу Бартоломеу Чиндиенди (мою жену), которая оказала большую поддержку. Ваше доверие и участие были основополагающими для реализации этой работы.

Также особой была поддержка писателя Селсо Саллеса, которая сделала проект жизнеспособным. Мы также хотели бы поблагодарить команду PROMANGOLA Consultoria e Informática, которая принимала участие с самого начала. чья ориентация была решающей в руководстве работой.

Milton Keynes UK
Ingram Content Group UK Ltd.
UKHW011817131023
430526UK00001B/127